岗位管理与
岗位胜任力模型构建
实战

任康磊 著

人民邮电出版社

北京

图书在版编目（CIP）数据

岗位管理与岗位胜任力模型构建实战 / 任康磊著
. -- 北京 : 人民邮电出版社，2021.10（2023.3重印）
ISBN 978-7-115-56520-4

Ⅰ．①岗… Ⅱ．①任… Ⅲ．①人力资源管理 Ⅳ.
①F243

中国版本图书馆CIP数据核字(2021)第084976号

内 容 提 要

本书主要介绍岗位管理和岗位胜任力模型在人力资源管理实战中的应用方法。全书通过对岗位管理和岗位胜任力模型构建方法的具体介绍，让岗位管理和岗位胜任力模型相关工具应用可视化、流程化、步骤化、模板化，除此之外，还通过对实战案例操作过程的详解，让读者能够轻松上手，快速掌握岗位管理和岗位胜任力模型的应用方法。

本书共 5 章，主要内容包括：岗位管理体系的全貌和构建方法；岗位管理的 5 类常见应用方法；能力管理基础认识和岗位胜任力模型的应用原理；岗位胜任力模型的构建方法和构建案例；45 种常见岗位胜任力模型的通用词典库。

本书案例丰富、模板齐全、实操性强、通俗易懂，适合人力资源管理人员、其他管理者、各高校人力资源管理专业的学生、想考取人力资源管理师及其他人力资源管理专业相关证书的学员、需要人力资源管理实战工具书的人员，以及其他对人力资源管理工作感兴趣的人员。

◆ 著　　　任康磊
　 责任编辑　马　霞
　 责任印制　彭志环

◆ 人民邮电出版社出版发行　北京市丰台区成寿寺路 11 号
　 邮编　100164　电子邮件　315@ptpress.com.cn
　 网址　https://www.ptpress.com.cn
　 涿州市京南印刷厂印刷

◆ 开本：700×1000　1/16
　 印张：14　　　　　　　　　　　2021 年 10 月第 1 版
　 字数：207 千字　　　　　　　　2023 年 3 月河北第 8 次印刷

定价：69.80 元

读者服务热线：(010)81055296　印装质量热线：(010)81055316
反盗版热线：(010)81055315
广告经营许可证：京东市监广登字 20170147 号

前　言

人力资源管理师考试教材以及一些人力资源管理理论把人力资源管理工作划分成6大模块，分别是人力资源规划、招聘与配置、培训与开发、绩效管理、薪酬福利管理、员工关系管理。这种划分方法偏重于人力资源管理理论上的划分，有助于报考人力资源管理相关证书的学员快速学习并掌握人力资源管理知识。

但在人力资源管理实务工作中，光靠6大模块的理论很难解决一些实际问题，也很难指导HR（人力资源管理人员）的工作。例如岗位管理，公司应如何设置岗位、如何划分岗位层级、如何设计岗位转换通道；又如能力管理，公司应如何划分能力、如何定义能力、如何围绕能力应用岗位胜任力模型。这些在6大模块的理论中，并未给出具体的操作方法。

在实际工作中，人力资源管理的模块划分以及它们之间的关系更为复杂，如图1所示。

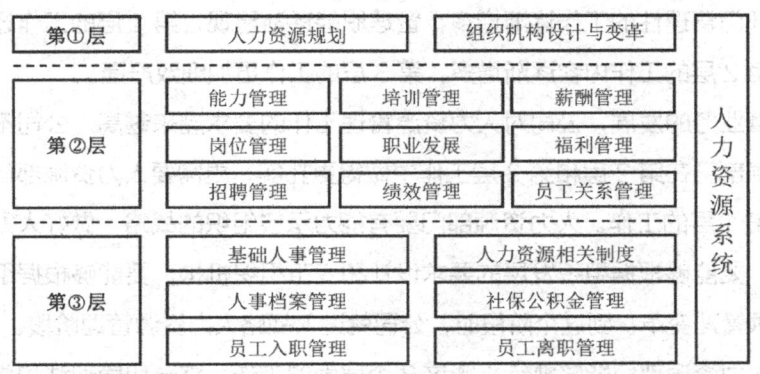

图1　实际工作中人力资源管理模块划分（以某企业实际工作为例）

实际工作中的人力资源管理模块可以划分为3层。

第3层为基础人事工作层。在这个层面，HR的主要工作包括办理员工入职和离职手续、计算和缴纳社会保险与住房公积金、保管和管理员工人事档案、记录并核对员工考勤、计算并发放员工工资等一系列偏重于基础性的、标准性的、事务性的、重复性的人力资源工作。

第2层为人力资源管理工作层。在这个层面，HR逐渐开始从事能力管理、岗位管理、招聘管理、培训管理、职业发展、绩效管理、薪酬管理、福利管理、员工关系管理等以管理性为主、以事务性为辅的人力资源工作。

第1层为战略人力资源管理工作层。在这个层面，HR除了需要从事第2层和第3层的工作之外，还需要做一些人力资源规划、组织机构设计与变革等定位在战略管理层面的人力资源管理工作。

人力资源部门在这3层工作中的涉猎和侧重，对应着人力资源管理发展的4个不同阶段：人事管理（劳资管理）阶段、人力资源管理阶段、战略人力资源管理阶段和人力资本管理阶段。

人事管理阶段，也被称为劳资管理阶段。处在这个阶段的人力资源部门几乎没有第1层的工作，有少量第2层的工作，大部分的时间和精力花费在简单、重复、事务性的第3层工作上。许多处在这个阶段的公司管理者甚至搞不清楚人力资源管理和行政管理的区别，将人力资源部门与行政办公室混为一谈。

到了人力资源管理阶段，管理层开始意识到人力资源管理工作的重要性，人力资源部门管理性的工作逐渐增多，管理职能逐渐显现，第1层的工作逐渐受到重视，第2层的工作内容逐渐增多，第3层的工作更加细致严谨。

随着业务的发展，公司对人力资源管理工作的要求越来越高。公司不仅需要人力资源部门在第2层和第3层工作中做得更扎实，更需要人力资源部门能够熟练驾驭第1层的工作。人力资源部门要有能力承接组织的战略，做好人力资源战略规划；要能够根据组织发展的要求设计和变革组织机构；要能够根据组织的需要，引领管理变革。到这个阶段时，公司就进入战略人力资源管理阶段。

当人力资源部门能够熟练平衡这3个层面的工作，将一切管理性和事务性工作有序、平稳地开展，且随着组织发展对核心人才的需求和重视，人力资源管理将会逐渐进入第4个阶段——人力资本管理阶段。在这个阶段，人逐渐被视为可以增值的资本，而不仅是可以被利用的资源。人真正成为组织的核心，人力资源管理的战略地位更加突出。

在第 2 层的人力资源管理模块中，包含传统的 6 大模块，也包含岗位管理和能力管理这类人力资源管理基础模块。很多公司的人力资源管理工作难以落地，招聘、培训、薪酬管理、绩效管理等各类工作开展得非常不顺，出现招来的人才不能满足岗位的需要、培训出的人才能力不达标、发放的薪酬不具备内部公平性、实施的绩效没有激励性等问题。

这些问题的根源往往与岗位管理和能力管理这两项人力资源管理基础模块没有搭建而直接开展人力资源管理工作有很大的关系。这就好比还没有打好地基就直接建楼房一样，虽然表面上也能建出一座漂亮的楼房，但由于根基不牢，楼房可能一碰就倒，中看不中用。做好岗位管理和能力管理的基础建设，人力资源管理工作才能稳定、有序地开展。

针对如何做好岗位管理和能力管理（岗位胜任力），我总结了工作中常见的操作方法和工具，并结合大量的实操案例形成本书。希望通过本书，读者能快速学习到岗位管理和能力管理（岗位胜任力）的方法论、工具、案例、模板和注意事项。

最有效的学习是通过解决问题来学习。建议读者拿到本书后，不要马上从第一个字看到最后一个字。读者可以先带着问题，根据当前公司的具体情况，选择最薄弱的环节，查找本书中的操作方法，思考、制定、实施和复盘解决方案。

当具体问题得到缓解之后，读者可以由问题点切入，查找知识点；由知识点延伸，找到流程线；由流程线拓展，发现操作面；由操作面升华，全面掌握整个人才测评体系建设的方法。这时候再从整个体系的角度，自上而下地看问题，又会有新的、更深刻的认识。

我总结了一个学习的 ABC 原理：看到的是 A，学到了 B，用出来变成了 C，这是真正的学习成长。很多人不是这样，他们是看到了 A，学到了 A，就只会用 A，结果用的时候发现 A 没有解决问题，就说 A 没有用，这其实是"死读书"的表现。

当我们看到 A 时，要学到 B，需要总结、归纳、发散能力；学到 B 时，要用出 C，需要对场景的观察、思考，同时对 B 不断练习、不断复盘、不断调整，这也是一种行动力。所以我觉得，学习能力从来不是一个单一的能力，而是能够发散思考，举一反三，并在实际应用时灵活变通的能力。

祝读者朋友们能够学以致用，更好地学习和工作。

本书若有不足之处，欢迎读者朋友们批评指正。

本书特色

1. 通俗易懂、案例丰富

本书包含丰富的实战案例，读者通过学习能够快速掌握岗位管理和能力管理（岗位胜任力）在人力资源管理实战中的应用，达到看得懂、学得会、用得上的效果。

2. 上手迅速、模板齐全

本书把大量复杂的理念转变成能在工作中直接应用的、简单的工具和方法，并把这些工具和方法可视化、流程化、步骤化、模板化，即便是初学者也能够快速上手。

3. 知识点足、实操性强

本书涉及大量知识点。知识点的选择立足于解决工作中的实际问题。读者通过本书，能够学会在人力资源管理实战中有效运用岗位管理和能力管理（岗位胜任力）的工具。

本书内容及体系结构

本书主要介绍岗位管理和能力管理（岗位胜任力）在人力资源管理实战中的应用，通过对岗位管理和能力管理（岗位胜任力）中各类工具和方法的解析，介绍岗位管理和能力管理（岗位胜任力）的操作方法。

本书的主要内容结构如下。

第 1 章　岗位管理基础

本章主要分为 4 节，主要介绍岗位基本认识，包括岗位管理体系的全貌；岗位管理应用模块设计，包括岗位管理职等/职级设计、岗位族群/序列/角色设计、岗位发展通道设计、岗位图谱和称谓设计；岗位管理制度设计，包括总则通用规定、岗位配置规定和岗位变动规定；岗位说明书编制，包括岗位说明书关键内容、岗位说明书格式模板和岗位说明书编写方法。

第2章 岗位管理应用

本章主要分为5节，主要介绍岗位分析的4种方法，包括观察分析法、岗位访谈法、工作实践法和问卷调查法；岗位定编的4种方法，包括劳动效率法、预算控制法、业务流程法和行业对标法；岗位价值评估的4种方法，包括岗位排序法、岗位分类法、因素比较法和要素记点法；岗位权责利的划分方法，包括权责利不对等的问题、发现权责利问题的工具、权责利分配矩阵工具和权责利分配应用案例；人力资源供需预测，包括马尔可夫矩阵分析、人才优化替换分析、人才成长指数分析、人才引进指数分析、财务成本预算规划、效率趋势分析预测、德尔菲趋势预测法。

第3章 能力管理基础

本章主要分为3节，主要介绍岗位胜任力模型基本认识，包括是非观与维度观、岗位胜任力模型4大维度、岗位胜任力模型组成要素和岗位胜任力模型等级定义；人才画像描绘，包括人岗匹配和人人匹配、人才画像的组成要素和人才画像的描绘方法；岗位胜任力模型应用原理，包括岗位胜任力实施价值、岗位胜任力培养策略、能力与人力资源需求和角色与人力资源需求。

第4章 岗位胜任力模型构建

本章主要分为3节，主要介绍岗位胜任力模型构建方法，包括总结归纳法、战略推导法、引用修订法；5大通用胜任力，包括诚信认真素质、顾客导向意识、沟通协调能力、专业精深能力和解决问题能力；某上市公司岗位胜任力模型构建应用，包括岗位胜任力模型的构建过程以及在招聘选拔、员工培训、人才评价和薪酬激励中的应用；世界500强公司岗位胜任力模型在晋升上的应用。

第5章 关键岗位胜任力通用词典库

本章主要介绍45种关键岗位胜任力模型词典，包括不同类型岗位胜任力模型中比较关键、岗位特有的素质类要素和能力类要素，突出各岗位特性，尽量做到不重复。读者在应用本章内容时，可以参考本书中所有具备相似职能的岗位胜任力模型，根据岗位实际情况做增加、删减或参照。

本书读者对象

人力资源管理人员；
其他管理者；
想考取人力资源管理师及其他人力资源管理专业相关证书的学员；
各高校人力资源管理专业的学生；
其他对人力资源管理工作感兴趣的人员。

目 录

第 1 章 岗位管理基础 / 001

1.1 岗位基本认识 / 003
- 1.1.1 岗位森林系统 / 003
- 1.1.2 岗位管理体系 / 005

1.2 岗位管理应用模块设计 / 006
- 1.2.1 岗位职等/职级设计 / 007
- 1.2.2 岗位族群/序列/角色设计 / 011
- 1.2.3 岗位发展通道设计 / 014
- 1.2.4 岗位图谱和称谓设计 / 017

1.3 岗位管理制度设计 / 019
- 1.3.1 总则通用规定 / 019
- 1.3.2 岗位配置规定 / 020
- 1.3.3 岗位变动规定 / 021

1.4 岗位说明书编制 / 023
- 1.4.1 岗位说明书关键内容 / 023
- 1.4.2 岗位说明书格式模板 / 024
- 1.4.3 岗位说明书编写方法 / 026
- 1.4.4 某上市公司岗位序列/角色分析 / 028

第 2 章 岗位管理应用 / 033

2.1 岗位分析的 4 种方法 / 035
- 2.1.1 观察分析法 / 035

2.1.2 岗位访谈法 / 037
2.1.3 工作实践法 / 039
2.1.4 问卷调查法 / 040

2.2 岗位定编的 4 种方法 / 043

2.2.1 劳动效率法 / 043
2.2.2 预算控制法 / 044
2.2.3 业务流程法 / 046
2.2.4 行业对标法 / 047

2.3 岗位价值评估的 4 种方法 / 048

2.3.1 岗位排序法 / 048
2.3.2 岗位分类法 / 051
2.3.3 因素比较法 / 055
2.3.4 要素记点法 / 058

2.4 岗位权责利的划分方法 / 061

2.4.1 权责利不对等的问题 / 062
2.4.2 发现权责利问题工具 / 063
2.4.3 权责利分配矩阵工具 / 064
2.4.4 权责利分配应用案例 / 067

2.5 人力资源供需预测 / 069

2.5.1 马尔可夫矩阵分析 / 069
2.5.2 人才优化替换分析 / 071
2.5.3 人才成长指数分析 / 073
2.5.4 人才引进指数分析 / 074
2.5.5 财务成本预算规划 / 076
2.5.6 效率趋势分析预测 / 077
2.5.7 德尔菲趋势预测法 / 078
2.5.8 某公司岗位编制计算案例 / 080

2.5.9 某公司岗位价值评估案例 / 084

2.5.10 典型误区：函数回归法与趋势外推法 / 090

第 3 章 能力管理基础 / 093

3.1 岗位胜任力模型基本认识 / 095

3.1.1 是非观与维度观 / 095

3.1.2 岗位胜任力模型 4 大维度 / 097

3.1.3 岗位胜任力模型组成要素 / 100

3.1.4 岗位胜任力模型等级定义 / 102

3.2 人才画像描绘 / 107

3.2.1 人岗匹配与人人匹配 / 107

3.2.2 人才画像的组成要素 / 108

3.2.3 人才画像的描绘方法 / 109

3.3 岗位胜任力模型应用原理 / 111

3.3.1 岗位胜任力实施价值 / 111

3.3.2 岗位胜任力培养策略 / 112

3.3.3 能力与人力资源需求 / 114

3.3.4 角色与人力资源需求 / 116

第 4 章 岗位胜任力模型构建 / 119

4.1 岗位胜任力模型构建方法 / 121

4.1.1 总结归纳法 / 121

4.1.2 战略推导法 / 123

4.1.3 引用修订法 / 124

4.2 5 大通用胜任力 / 125

4.2.1 诚信认真素质 / 127

4.2.2 顾客导向意识 / 128

4.2.3 沟通协调能力 / 129

4.2.4 专业精深能力 / 130

4.2.5 解决问题能力 / 130

4.3 某上市公司岗位胜任力模型构建应用 / 131

4.3.1 岗位胜任力模型的构建过程 / 132

4.3.2 岗位胜任力模型在招聘选拔中的应用 / 143

4.3.3 岗位胜任力模型在员工培训中的应用 / 151

4.3.4 岗位胜任力模型在人才评价中的应用 / 153

4.3.5 岗位胜任力模型在薪酬激励中的应用 / 155

4.4 世界500强公司岗位胜任力模型在晋升上的应用 / 156

4.4.1 管理类岗位职级评定标准 / 156

4.4.2 研发类岗位职级评定标准 / 157

4.4.3 咨询类岗位职级评定标准 / 158

第5章 关键岗位胜任力通用词典库 / 161

5.1 管理岗位胜任力模型 / 163

5.1.1 高层管理岗位胜任力模型 / 163

5.1.2 中层管理岗位胜任力模型 / 164

5.1.3 基层管理岗位胜任力模型 / 165

5.2 销售推广类岗位胜任力模型 / 166

5.2.1 商品贸易类岗位胜任力模型 / 167

5.2.2 产品销售类岗位胜任力模型 / 168

5.2.3 市场营销类岗位胜任力模型 / 169

5.2.4 客户服务类岗位胜任力模型 / 170

5.2.5 媒体推广类岗位胜任力模型 / 171

5.2.6 公共关系类岗位胜任力模型 / 172

5.2.7 企划广告类岗位胜任力模型 / 173

5.2.8 美编文案类岗位胜任力模型 / 173

5.3 产品运营类岗位胜任力模型 / 174

- 5.3.1 技术研发类岗位胜任力模型 / 175
- 5.3.2 工艺设计类岗位胜任力模型 / 176
- 5.3.3 产品设计类岗位胜任力模型 / 176
- 5.3.4 运营管理类岗位胜任力模型 / 177

5.4 生产制造类岗位胜任力模型 / 178

- 5.4.1 生产管理类岗位胜任力模型 / 179
- 5.4.2 生产调度类岗位胜任力模型 / 180
- 5.4.3 质量体系类岗位胜任力模型 / 181
- 5.4.4 质量检测类岗位胜任力模型 / 181
- 5.4.5 安环管理类岗位胜任力模型 / 183
- 5.4.6 设备维修类岗位胜任力模型 / 184

5.5 采购供应类岗位胜任力模型 / 185

- 5.5.1 物资采购类岗位胜任力模型 / 185
- 5.5.2 供应管理类岗位胜任力模型 / 186
- 5.5.3 工程管理类岗位胜任力模型 / 187
- 5.5.4 商贸选品类岗位胜任力模型 / 188

5.6 信息技术类岗位胜任力模型 / 189

- 5.6.1 信息管理类岗位胜任力模型 / 189
- 5.6.2 软件开发类岗位胜任力模型 / 190
- 5.6.3 网络运维类岗位胜任力模型 / 191

5.7 物流运输类岗位胜任力模型 / 192

- 5.7.1 物流管理类岗位胜任力模型 / 192
- 5.7.2 仓储管理类岗位胜任力模型 / 193
- 5.7.3 配送实施类岗位胜任力模型 / 194

5.8 财务审计类岗位胜任力模型 / 195

- 5.8.1 会计核算类岗位胜任力模型 / 195
- 5.8.2 财务分析类岗位胜任力模型 / 196

5.8.3 证券事务类岗位胜任力模型 / 197

5.8.4 税务融资类岗位胜任力模型 / 198

5.8.5 审计风控类岗位胜任力模型 / 199

5.9 人力资源类岗位胜任力模型 / 200

5.9.1 招聘选拔类岗位胜任力模型 / 201

5.9.2 培训开发类岗位胜任力模型 / 202

5.9.3 薪酬绩效类岗位胜任力模型 / 203

5.9.4 员工关系类岗位胜任力模型 / 203

5.10 行政管理类岗位胜任力模型 / 204

5.10.1 行政文秘类岗位胜任力模型 / 205

5.10.2 前台服务类岗位胜任力模型 / 206

5.10.3 档案管理类岗位胜任力模型 / 207

5.10.4 后勤保障类岗位胜任力模型 / 207

5.10.5 车辆驾驶类岗位胜任力模型 / 208

第 1 章

岗位管理基础

岗位管理是人力资源管理实战中最基础、最重要的管理模块之一,是 HR 开展人力资源管理工作的根基。许多公司在开展人力资源管理工作时磕磕绊绊、步履维艰,正是因为在开展人力资源管理工作前,没有打下岗位管理的坚实基础。

1.1 岗位基本认识

岗位是在组织中实施岗位管理的最小组成单位。岗位承接了组织分解的目标,有目标、有职责,以结果为导向。岗位虽然会发生一定的动态变化,但又相对比较稳定。岗位属于组织,不属于组织中的某个人。

1.1.1 岗位森林系统

岗位的存在,根本原因是为了承接与实现组织的愿景和战略目标。岗位产生的逻辑如图 1-1 所示。

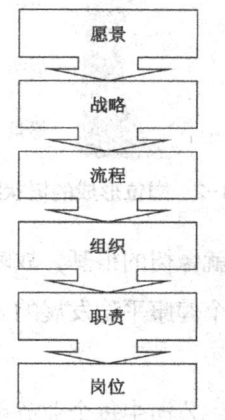

图 1-1 岗位产生的逻辑

1985年，迈克尔·E.波特（Michael E.Porter）教授提出了价值链（Value Chain）的概念，其含义是每个公司都可以用价值链来表示其产生价值的全过程。迈克尔·E.波特教授把公司的所有活动分成基本活动和辅助活动2类。基本活动是直接产生价值的环节，如内外勤、生产、销售、服务等环节；辅助活动是为直接产生价值而服务的环节，如采购、技术研发、人力资源管理等环节。

公司价值链中的基本活动和辅助活动对应着相应的职能要求。不同的职能要求被分解到不同的部门，进而被分解到不同的岗位，由不同的岗位承担这类职能。岗位分解到的不同职能转变成岗位的职责和任务。

每个公司都有自己的愿景，有愿景就要有达成愿景需要的具体战略，有战略就要有实现战略需要的组织，而组织根据职能划分又可以分成不同的岗位。这就会使每个公司的内部形成一种树状结构，如图1-2所示。

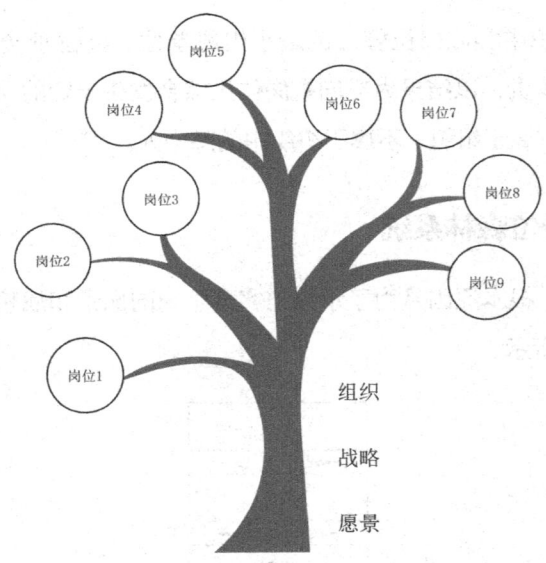

图1-2　岗位形成的树状结构

在这个树状结构中，愿景就像树的根基，战略就像树的主干，组织就像树的枝干，岗位就像树的果实。一个健康平稳发展的公司应当像树一样茁壮成长、枝繁叶茂。

实际上，不仅公司有愿景，公司中每个业务单元也有愿景。这就让规模较大公司的岗位往往由多个树状结构的岗位形成逻辑构成。多个树状结构的岗位形成逻辑放在一起，就像一片森林。公司规模越大、业务种类越多、岗位越多，就像树木越多、树木的枝干与果实越繁茂。

当一个员工流动时，可以带走自己的领导风格、管理能力、知识技能或业绩表现，但带不走自己所在岗位的目标、任职要求和权责关系。也就是说，员工离开岗位只是人离开了，但岗位依然存在。

1.1.2 岗位管理体系

岗位管理体系是人力资源管理体系的基础，它直接与薪酬管理体系、绩效管理体系、职业发展体系等形成关联，相互作用，保证公司能够持续不断地吸引、激励、保留优秀人才。例如，有了岗位管理体系，就可以根据岗位职等职级确定薪酬和福利标准；有了岗位管理体系，就可以设计绩效考核体系标准，而绩效考核体系标准可以作为个人升职、降职、调薪、激励的依据。

岗位管理体系与薪酬管理体系、绩效管理体系之间的关系如图1-3所示。

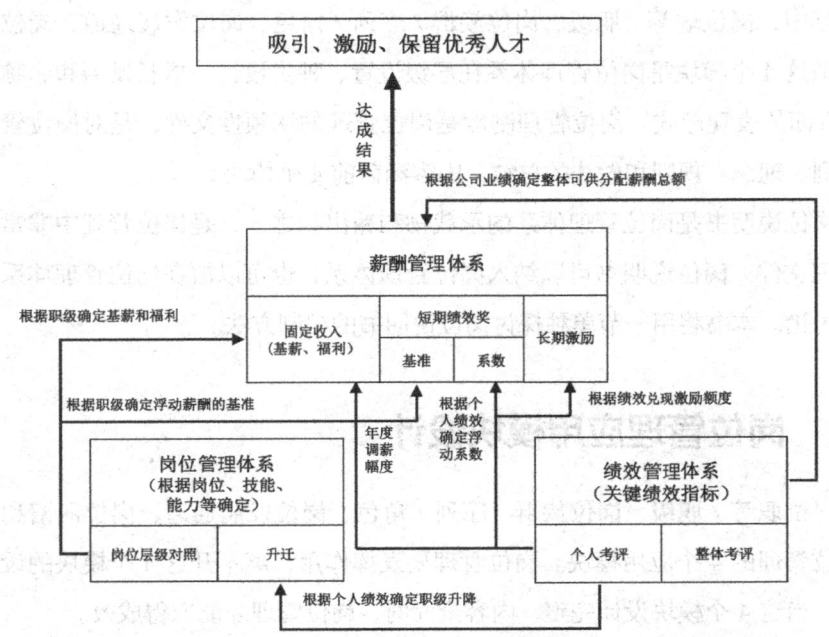

图1-3 岗位管理体系与薪酬管理体系、绩效管理体系之间的关系

岗位管理体系包含岗位管理制度、岗位职等/职级、岗位族群/序列/角色、岗位发展通道、岗位图谱和称谓、岗位说明书，如图1-4所示。

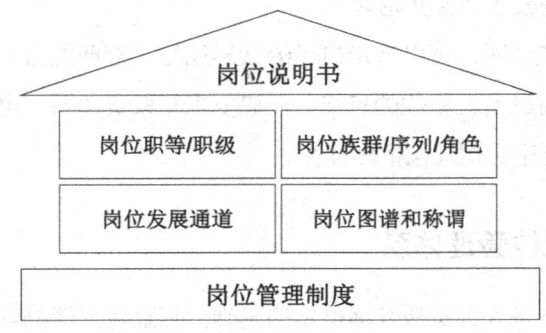

图1-4　岗位管理体系示意

整个岗位管理体系就像一间用积木搭成的房子。房顶是岗位说明书，是岗位管理体系最外显的部分。房子的基座是岗位管理制度，它决定了整个岗位管理的基调。房子中有岗位职等/职级、岗位族群/序列/角色、岗位发展通道、岗位图谱和称谓这4间屋子，代表岗位管理应用的4个模块。

其中，岗位职等/职级、岗位族群/序列/角色、岗位发展通道、岗位图谱和称谓这4个模块是岗位管理体系在层级设置、种类设计、成长发展和名称设计4个方面的表现形式。岗位管理制度是岗位管理的纲领性文件，是对岗位管理体系原则、理念、规则和做法的总结，内容涵盖前4个模块。

岗位说明书是岗位管理体系的承载物和输出物之一，是岗位管理中非常重要的管理文件。岗位说明书可以纳入岗位管理体系，也可以放在岗位管理体系之外单独讨论。本书将用一节单独探讨岗位说明书的编制方法。

1.2　岗位管理应用模块设计

岗位职等/职级、岗位族群/序列/角色、岗位发展通道、岗位图谱和称谓是岗位管理的4个应用模块。岗位管理要发挥作用，离不开这4个模块的设计和应用。当这4个模块设计完整、内容全面时，岗位管理才能取得成效。

1.2.1 岗位职等/职级设计

岗位的职等/职级属于一种岗位层级。岗位层级划分是组织管理的纵向权限分布，是岗位的汇报层级关系，是岗位的相对价值分布。公司可以从专业知识、岗位能力、贡献大小、业务领域影响力等角度来测量岗位的价值，划分岗位的职等/职级。

职级和职等的含义相同，都代表岗位的等级分布情况。职级和职等可以单独使用，也可以一起使用。职等/职级单独使用的演示如表1-1所示。

表1-1 职等/职级单独使用的演示

职等/职级	代号
1	A1
2	A2
3	A3
4	A4
5	A5
6	A6
7	A7
8	A8
9	A9

表1-1中的代号可以根据公司的需要取名，没有固定格式；也可以根据公司的岗位发展通道不同，设计管理序列代号、技术序列代号、销售序列代号、生产序列代号等多个不同序列的代号，并放在同一张表中进行比较。

当职级和职等放在一起使用时，主要是为了将等级分类，在划分等级的同时形成不同的等级归属。对不同的等级归属，公司可以赋予其不同的定义。当职级和职等放在一起时，可以叫职级职等，也可以叫职等职级，二者没有本质区别。一般习惯把作为大类的名称放在前面，把作为小类的名称放在后面。

职级和职等放在一起使用的演示如表1-2所示。

表 1-2 职级和职等放在一起使用的演示

职级	职等	代号
1	1	A1B1
1	2	A1B2
1	3	A1B3
2	1	A2B1
2	2	A2B2
2	3	A2B3
3	1	A3B1
3	2	A3B2
3	3	A3B3

表 1-2 中的职级代表大类，职等代表小类。职级和职等可以调换位置，含义依然成立。表 1-2 在应用时一般叫职级职等，如果职级和职等调换位置，一般叫职等职级，二者仅名称不同，含义相同。代号中第 1 个字母+数字代表大类的编号，第 2 个字母+数字代表小类的编号。

岗位职级职等通常与薪酬的联系比较紧密。不同公司对职级职等的定义和应用有一定的差异，表达方式也可能有所不同，但大方向是相同的。要实现职级职等划分的薪酬空间，公司可以采取宽带薪酬模式。

宽带薪酬模式的产生可以追溯到 20 世纪 80 年代末到 90 年代初的美国，当时大部分的组织发现传统职能型和事业部型组织的弊端，开始去层级化，组织机构趋于扁平化，组织流程相应更新变化，人员的轮岗情况增加，组织越来越重视人的职业发展。这时候，与这种改变相适应的薪酬模式——宽带薪酬模式就应运而生了。

宽带薪酬模式是一种薪酬浮动范围较大的薪酬模式。宽带薪酬模式由传统的窄带薪酬模式演化而来，它是在窄带薪酬模式的基础上，对薪酬等级和薪酬变动的范围重新组合，把原来数量比较多、跨度小的薪酬等级减少，将薪酬上下级之间的浮动范围拉大而形成的一种薪酬模式。

窄带薪酬模式到宽带薪酬模式的演化过程如图 1-5 所示。

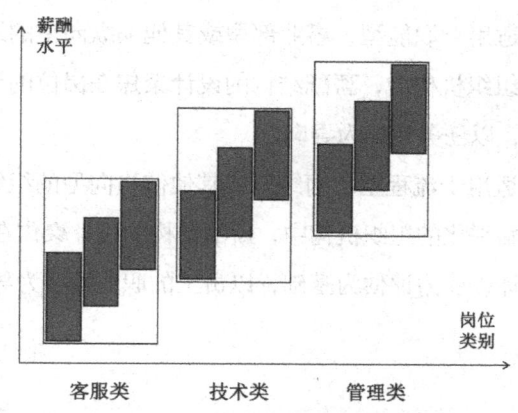

图1-5 窄带薪酬模式到宽带薪酬模式的演化过程

窄带薪酬模式在某一类岗位上，会划分出多个不同的层级。人数较多的公司可以有十几甚至几十个层级。在这个基础上，宽带薪酬模式做出了归类和改变。通过宽带薪酬模式的归类，把原本很多的薪酬等级划分得更少，同时将每个等级的薪酬变动范围划分得更"宽"。宽带薪酬模式形成的新的薪酬管理体系，能够适应新的管理模式、业务发展和竞争环境的需要。

传统薪酬模式与宽带薪酬模式最大的差异，在于两者的着眼点和定位不同，如图1-6所示。

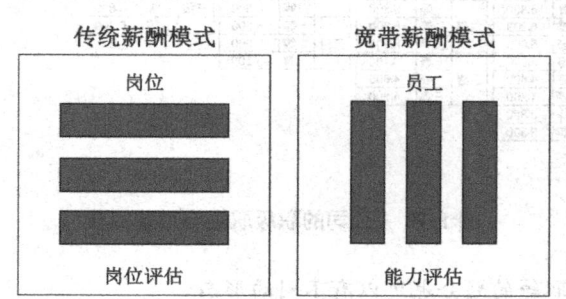

图1-6 传统薪酬模式与宽带薪酬模式的着眼点和定位

传统薪酬模式更注重岗位的差异，通过岗位评估，定位岗位的价值；通过岗位的价值，定位岗位的薪酬。宽带薪酬模式更注重员工个体能力的差异，通过能力评估，定位员工能力的价值；通过评估员工能力的价值，定位员工的薪酬。另外，宽带薪酬模式有助于员工的职业发展。

传统薪酬模式适用于职能型、事业部型或其他偏纵向型的组织机构，在这类严密的直线层级制组织机构中，薪酬结构的设计聚焦在岗位的设置上。薪酬设计以岗位评估为基础，以任务目标为导向。

宽带薪酬模式适用于流程型、网络型或其他偏横向型的组织机构，在这类工作和汇报关系趋于扁平化的组织机构中，薪酬结构的设计聚焦在员工（也就是人）的发展上。薪酬设计以能力评估为基础，以员工的职业发展为导向。

【举例】

A公司把所有职位分成7个职级，分别是员工、主管、经理、高级经理、总监、副总经理、总经理。每个职级分成9个职等，每个职等对应着不同的月薪标准。A公司的职级职等与月薪标准如图1-7所示。

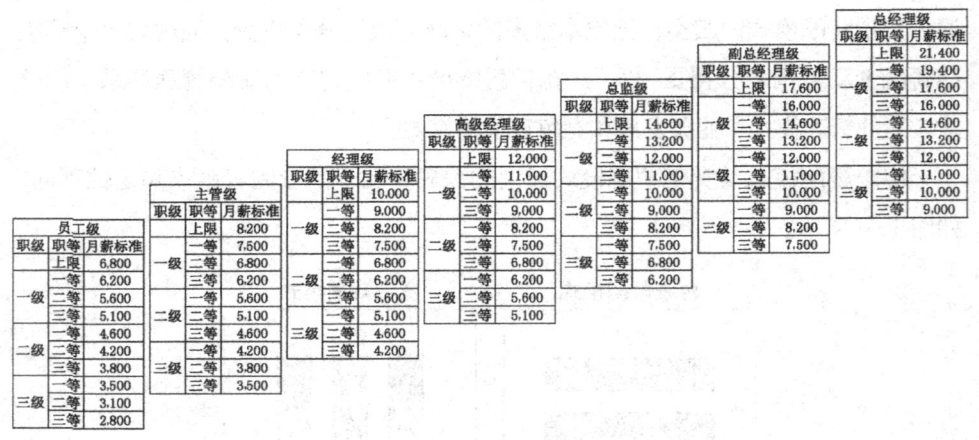

图1-7　A公司的职级职等与月薪标准

对岗位职级职等的划分也可以有不同的形态。

B公司把所有职位划分成7个职级，分别是员工、主管、经理、高级经理、总监、副总经理、总经理。每个职级分成9个职等，每个职等对应着不同的月薪标准。B公司的职级职等与月薪标准如图1-8所示。

职级：员工	
职等	月薪标准
1	6,200
2	5,600
3	5,100
4	4,600
5	4,200
6	3,800
7	3,500
8	3,100
9	2,800

职级：主管	
职等	月薪标准
1	7,500
2	6,800
3	6,200
4	5,600
5	5,100
6	4,600
7	4,200
8	3,800
9	3,500

职级：经理	
职等	月薪标准
1	9,000
2	8,200
3	7,500
4	6,800
5	6,200
6	5,600
7	5,100
8	4,600
9	4,200

职级：高级经理	
职等	月薪标准
1	11,000
2	10,000
3	9,000
4	8,200
5	7,500
6	6,800
7	6,200
8	5,600
9	5,100

职级：总监	
职等	月薪标准
1	13,200
2	12,000
3	11,000
4	10,000
5	9,000
6	8,200
7	7,500
8	6,800
9	6,200

职级：副总经理	
职等	月薪标准
1	16,000
2	14,600
3	13,200
4	12,000
5	11,000
6	10,000
7	9,000
8	8,200
9	7,500

职级：总经理	
职等	月薪标准
1	19,400
2	17,600
3	16,000
4	14,600
5	13,200
6	12,000
7	11,000
8	10,000
9	9,000

图 1-8　B 公司的职级职等与月薪标准

一般来说，职等/职级越高，月薪标准越高。但因为存在技术类岗位，公司中存在价值贡献较大但职等/职级较低的员工。这时候公司为了鼓励这部分员工继续晋升，可以提升其职等/职级。所以，公司中可能会出现某员工的职等/职级较低但其月薪标准高于职等/职级较高员工月薪标准的情况。

1.2.2　岗位族群/序列/角色设计

界定岗位族群、序列和角色的概念主要是为了更好地实施岗位管理，划分岗位类别。随着很多公司规模越来越大，人数越来越多，以及社会化分工越来越细致，岗位的种类变得越来越多。不要说一些超大规模的公司，就是在一些中等规模的公司里，岗位的种类达到上百种也不是什么稀奇的事。

随着岗位种类越来越多，公司要管理好这些岗位，就需要给岗位做分类。岗位的族群、序列和角色就是一种给岗位分类的方法。

岗位族群指的是由一系列工作内容相近或相似，由一些满足岗位要求的岗位任职者所需要的知识、技能，领域相同或相近的岗位组成的岗位集合。

岗位序列指的是在岗位族群之下，在岗位角色之上，基于族群和角色，对岗位族群做的进一步细分，对岗位角色做的进一步总结。

岗位角色指的是根据岗位职责的特点，把对岗位执行职责时候的特点进行概括性的描述，形成的特有的岗位类别。

建立岗位的族群、序列、角色体系有什么好处呢？

（1）能够给人力资源调配提供一个新的工具，实现对数量庞大的岗位进行动态管理。

（2）建立多通道的岗位发展路径，拓宽员工在公司的发展空间，增强对核心人员的激励。

（3）可以针对不同岗位类别，制定个性化的人力资源管理配套方案，包括薪酬激励、培训与发展、人员选拔与流动、绩效管理等人力资源管理方案。

根据实际情况的不同，公司可以有区别地应用族群、序列和角色的概念。一般来说，人数规模越大、岗位种类越多、人员分布越分散的公司，越要用到族群、序列和角色的概念；人数规模比较小、岗位种类比较少、人员分布比较集中的公司，可以只应用序列和角色的概念，或者只应用角色的概念。

如今，已经有很多互联网公司在淡化岗位，强调角色。在这类公司中，某员工在什么岗位并不关键，该员工担任着什么角色更关键。有的角色对公司很重要，价值很高；有的角色相对不重要，相对价值较低。

如何划分岗位的族群、序列、角色？

一般来说，族群可以应用在不同行业或地区之间。在同一族群内部，遵循相对统一的业务模式。

例如某集团公司，其主营业务分成3大板块：一部分是传统生产制造业板块，一部分是高新技术生产制造业板块，还有一部分是互联网金融业务板块。这3大板块的业务没有关联性，岗位差别较大。此时，可以给这3大板块中的每个板块划分出岗位族群。

例如某跨国公司，在中国、泰国、英国、美国4个国家分别设有分公司，每个国家分公司的业务模式比较统一，此时可以将所有岗位划分为中国区族群、泰国区族群、英国区族群和美国区族群。如果在同一国家的不同地区业务模式有差异，也可以进一步细化族群划分。

在每个岗位族群中，序列和角色的划分可以参考迈克尔·E.波特的价值链模型。按照价值链模型划分公司的序列和角色后，能够看出公司中哪个环节的相对价值较高，哪个环节的相对价值较低。对价值比较高的环节，公司应当在人力资源、财务资源上重点倾斜；对价值比较低的环节，公司可以在人力资源和财务资源上给予比较少的投入。

【举例】

某公司某高新技术制造业的岗位族群中，按照价值链模型对岗位的序列和角色的划分如图1-9所示。

	序列	管理序列	人力资源序列	财务管理序列		行政序列	
辅助活动	角色	高层管理	人力资源	财务	审计	档案管理	行政文秘
	序列	技术序列	科研项目管理序列	质量控制序列		安环管理序列	
	角色	技术研发	生产工艺	项目管理	质量检测	体系认证	安环管理
	序列		后勤保障序列			信息序列	
	角色	保安	司机	厨师	宿管	勤杂	信息管理
基本活动	序列	采购序列	生产序列			市场序列	
	角色	物资供应	仓库管理	设备维修	生产实施	生产统计	市场开发维护	售后服务

图1-9 某公司以价值链为基础在某族群下的序列和角色划分

运用岗位的族群、序列和角色来区分岗位类别，有利于对不同的岗位做岗位价值分析，有利于设计岗位的薪酬体系，有利于区别岗位特性进行薪酬调整，也有利于公司的职等职级建设和其他人力资源管理工具的应用。

例如在上述案例的技术序列中，包含两种角色——技术研发角色和生产工艺角色。这两种角色的内在价值存在明显差异。一般来说，技术研发角色的价值明显要高于生产工艺角色的价值。此时在岗位价值评估上，在薪酬设计上，在岗位发展路径设计上，这两类角色应当不同。

【举例】

有一次我到一家公司做人力资源管理咨询。这家公司的销售部门有个岗位叫销售助理。这个销售助理岗位实际上属于行政文秘角色，与行政管理部门的行政助理是一类角色。但我发现那家公司销售助理的工资比行政助理高很多，于是我问那家公司的人力资源负责人为什么会出现这种情况。

他说："因为销售助理服务的是销售部门，销售部门是公司的龙头部门，当然应该给销售助理更高的工资。"

销售部门确实是公司的龙头部门，但销售部门中市场开发、产品销售等角色才是高价值角色，销售助理角色和行政助理角色是相同的，应当采取相同的薪酬待遇水平，不能因为工作地点不同就存在差异。

在用序列和角色来划分岗位类别、查看岗位价值时，很容易发现这类问题。但如果只用岗位来设计薪酬，就较不容易发现这类问题。

当公司实施人力资源数量分析时，也可以用岗位的族群、序列和角色来进行分析，而不是单纯依靠传统部门或岗位来分析人力资源数量。

用岗位的族群、序列和角色来分析人力资源数量时，在公司序列和角色的高价值区，如果人力资源的数量和质量比较集中，是公司比较期望看到的；而在公司序列和角色的低价值区，人力资源的数量和质量可以相对薄弱。

1.2.3 岗位发展通道设计

人往高处走，水往低处流，成长之心人皆有之。公司要想有效留住员工，除了为员工提供物质回报外，还应为员工提供岗位发展通道，让员工获得成就感和自我实现的职业机会。要做好这些，公司要做好员工的岗位发展通道设计。

岗位发展通道通常可以分成3种类型。

1. 横向岗位发展通道

在横向岗位发展通道中，可以采取工作轮换的方式，通过横向的调动，使工作具有多样性，使员工焕发新的活力、迎接新的挑战。虽然没有加薪或晋升，但可以增加员工的新鲜感和价值。如果组织没有足够多的高层职位提供给每个员工，而长期从事同一项工作使人感到枯燥无味，可采用此种模式。

2. 双重岗位发展通道

在双重岗位发展通道中，岗位发展可以分成管理通道和技术通道两条通道。沿着管理通道可以通往职级更高的管理职位；沿着技术通道可以通往更高级的技术职位。在组织中，两个通道在同一等级上的地位和利益是平等的，员工可以自由选择两条通道中的任意一条发展。这种模式可以保证组织既拥有高技能的管理者，又拥有高技能的专业技术人员。

3. 多重岗位发展通道

这种模式是在双重岗位发展通道的基础上又分成多个通道，为员工提供更多的机会和发展空间。比如有的公司对于管理通道上的职工发展到一定层级后，提供带领团队创业或者成为合伙人的机会；有的公司对于技术通道上的职工发展到一定层级后，提供技术带头人通道或技术管理人员通道。这种模式为员工提供了更多的岗位发展选择的机会。

以上这3种岗位发展通道，如图1-10所示。

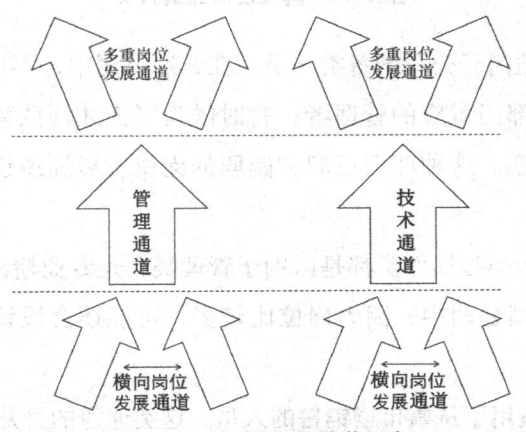

图1-10　岗位发展通道示意

不同的公司，有不同的员工岗位发展通道。常见的岗位发展通道有4种，分别是管理类、业务类、技术类和操作类，如图1-11所示。

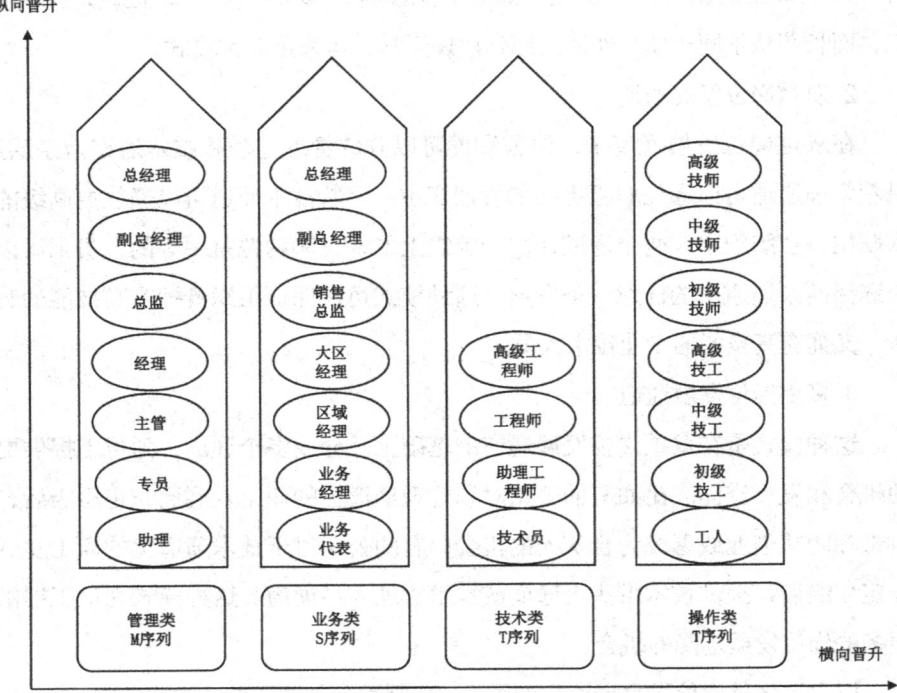

图1-11 岗位发展通道分类

管理类通道适用于公司的各类人员。在一般公司中，不论部门负责什么工作，都要有这个部门对应的管理者；有时候为了人才梯队建设，还会在这个部门设计一些副职。这种部门正职和副职的岗位发展通道设计，就是管理类通道。

业务类、技术类和操作类都是区别于管理类，走专业精深路线的岗位发展通道。在有的大型公司中，因为岗位比较多，可能还会设置更多的岗位发展通道。

业务类通道适用于从事市场销售的人员。这类通道的晋升规则主要看业绩，业绩越好，级别越高。

技术类通道适用于从事技术工作的人员。这类通道的晋升规则主要看技术能力，技术能力越强，技术经验越丰富，成功经验越多，级别越高。

操作类通道适用于从事生产工作的人员。这类通道的晋升规则与技术类通道类似。不同的是技术类主要偏实验室操作，生产类偏产品的量产。

在有些互联网公司中，产品的技术开发和产品生产属于同一个部门，这时候可以用一个技术类岗位发展通道。

公司可以根据这个通用的岗位发展通道设计适合自身的岗位发展通道，让员工的职业可以横向发展，也可以纵向发展。

这里要注意明确晋升条件和晋升标准，避免模棱两可的情况。例如，有些晋升规则中的"表现优秀""业绩突出"之类的形容词，就是典型的不确切的描述。比较量化、比较确切的晋升描述是："销售业绩排名前10%""360度考评结果排名前20%""绩效考核得分排名前30%"等。

在职业发展过程中，如果员工想要转变、转换岗位发展通道寻求横向晋升，一般需要参加相应岗位发展通道的相关培训，在拥有岗位要求的相关技能并通过部门的面试和考评之后，才可以转换。当员工选择继续留在本岗位领域的通道中发展时，一般需要参加岗位晋升的相关培训，并且通过本部门的相关考核。

1.2.4　岗位图谱和称谓设计

岗位称谓也叫"头衔"（title），是公司对从事岗位者的全称。例如，某公司人力资源部的王总监，"总监"就是一种岗位称谓；张助理，"助理"也是一种岗位称谓。当把公司所有岗位的称谓放在一起并按照某种逻辑排列后，将会形成岗位图谱。

岗位图谱和称谓本质上是对不同岗位的归类整理和统一命名。公司可以根据岗位族群、序列、角色和岗位职等职级的划分情况，确认公司岗位图谱和称谓的设计。岗位图谱和称谓通常呈现横纵交叉关系，如图1-12所示。

对应等级	管理通道岗位称谓	技术通道岗位称谓
16~18	总监	首席工程师
13~15	高级经理	资深工程师
10~12	经理	高级工程师
7~9	高级主管	中级工程师
4~6	主管	工程师
1~3	专员	助理工程师

图 1-12　某公司岗位图谱和称谓的关系

岗位称谓原本是属于公司组织内部的特有称呼。在文化相近的不同公司间，往往会采取相似的称谓。例如在很多韩资公司中，社长通常代表公司的负责人和最高权限人；在很多日资公司中，课长通常代表某部门（课）的主管。

公司在设置岗位称谓时，应当参照当地的风土人情和文化系统。如果没有特殊需要，可以仿照同行业或同类公司的岗位称谓的设计方法，中规中矩地设计。例如在一些传统制造业中，员工们已经习惯将从事生产技术类岗位的人员称呼为"某工"，公司就可以统一将这类岗位的称谓设计为"工程师"。当然，这里可以根据岗位的职等职级，在"工程师"的前面加不同的形容词。

出于一些考虑，也可以打破常规，设计适用于本公司的岗位称谓。例如，岗位称谓可以作为一种员工激励方式。大公司的岗位管理制度往往等级森严，岗位称谓执行比较严格，而小公司则可以根据需要灵活调整岗位称谓。有些小公司为了提高员工的社会价值感，将基层员工岗位的称谓全部设计为"经理"或"主管"，并且设计在员工的名片中。

有些组织结构比较扁平化的公司，出于强调内部员工平等性的考虑，另辟蹊径，对除了高管人员和某些部门负责人外，其他岗位不设计岗位称谓。这类公司多见于互联网公司。例如阿里巴巴公司有个独特的员工称谓制度，叫花名制度。凡是加入阿里巴巴的人，都要给自己取一个花名。这样做的好处是可以消除等级感，拉近员工之间的距离，减少员工之间的差异感，彰显员工形象，增加工作趣味。很多互联网公司也模仿阿里巴巴的花名制度来设计岗位称谓。

岗位图谱和称谓设计没有固定的套路，不论是尊重传统还是打破常规，都有它们各自的道理。只要是适合公司的，有助于公司愿景达成、战略目标实现的，有助于公司长远利益的，都可以采取。

在设计岗位图谱和称谓时，需要注意有些历史比较悠久的公司，在其内部文化的影响下，已经形成了员工们比较熟悉、比较习惯的岗位称谓体系。此时最好的策略就是尊重公司的内部文化，如果不是出于某种合理的目的，最好不要刻意去打破或改变这种文化，更不要与这种文化抗衡。

【举例】

我曾经给一家有30年历史的制造业集团公司做管理咨询，该公司内部的中基层管理团队已经习惯了称呼子公司的总经理为"厂长"。因为集团公司的顶层管理者变换，集团公司总经理期望将子公司的岗位称谓全部西化，叫"CEO"或"总裁"。我们按照这种思路设计岗位图谱和称谓，推行的时候引起了不小的文化冲突。

虽然公司的岗位管理制度变了，但员工私下还是按自己习惯的称谓称呼对方。岗位管理制度变得形同虚设，而且因为称谓与习惯不符，很多中基层管理者也不接受整个岗位管理制度。后来按照这家公司员工习惯的称呼来设计岗位称谓，员工很容易理解，整个岗位管理的推行也比较成功。所以，当能够尊重和顺应公司内部文化时，没有必要刻意打破原来的管理制度。

1.3 岗位管理制度设计

岗位管理制度明确了岗位管理的基调。一套完整的岗位管理制度通常包括3大模块，分别是总则通用规定模块、岗位配置规定模块和岗位变动规定模块。这3大模块可以作为岗位管理制度的3章。本节主要介绍岗位管理制度中包含的3大模块和模块中包含的具体内容。

1.3.1 总则通用规定

总则通用规定的主要内容是岗位管理制度的基本规定，相当于正式规定开始前的说明，可以作为岗位管理制度第 1 章的内容。总则通用规定的内容包括岗位管理制度的目的、适用范围、原则、定义和关联文件。

1. 目的

岗位管理制度的开头应说明岗位管理的目的，应介绍公司实施岗位管理的目标和诉求。这部分应说明公司期望通过岗位管理获得什么，也就是编制岗位管理制度的初衷。

2. 适用范围

每个制度都有适用范围，岗位管理制度同样也不例外。在岗位管理制度中，适用范围应说明该制度适用于公司的哪些岗位，适用于哪些情境。

3. 原则

每个制度都要有应用原则，有原则的制度既能够与制度编制的初衷匹配，又能在出现制度未明确规定的事项时，用原则作为判断依据。

4. 定义

在定义的部分，主要介绍制度中出现的各类专有名词的含义。这里的名词应当尽量列举全面，因为制度是给大多数人看的，制度中的语言和用词应当让大多数非人力资源管理专业、未从事过人力资源管理工作的普通员工也能够看懂。

5. 关联文件

岗位管理制度中的关联文件部分，主要介绍与岗位管理制度相匹配或呼应的公司其他相关制度或规定，如绩效管理制度、薪酬管理制度等。有些制度或规定的成立前提是岗位管理制度，有些则是岗位管理制度成立的前提。

1.3.2 岗位配置规定

岗位配置规定的主要内容是公司岗位的基本设计与安排情况，属于岗位管理的基本规则，可以作为岗位管理制度第 2 章的内容。岗位配置规定的内容包括岗位设置、岗位编制、岗位分类、岗位等级和任职资格。

1. 岗位设置

在岗位设置的部分，应对组织机构的设置、部门的设置以及岗位的设置分别做出规定。同时，应规定不同组织机构、部门和岗位新增、修改、缩减等各类设置的流程与权限。

2. 岗位编制

在岗位编制的部分，应规定对不同类型的岗位如何计算岗位编制数量，以及如何确定岗位编制数量的权限；同时，应规定岗位编制应如何管控。随着人力成本越来越高，所有公司都在追求人均劳效的提高，对岗位编制的规定应慎重。

3. 岗位分类

在岗位分类的部分，应规定公司有哪些种类的岗位。这里的岗位种类包括但不限于岗位的族群、序列和角色。

4. 岗位等级

在岗位等级的部分，主要规定的是岗位的职等职级和岗位的图谱、称谓等内容。这里除了明确规定岗位等级之外，最好还规定不同岗位等级对应的薪酬水平。

5. 任职资格

岗位的任职资格与岗位胜任力模型有关。在岗位管理制度中，关于任职资格的规定通常是通用性规定，具体岗位的任职资格应当参考岗位说明书中的内容。

实际上，关于岗位管理的一些顶层设计、流程设计的相关规定，都可以在岗位配置规定中详细说明。

1.3.3　岗位变动规定

岗位变动规定的主要内容是在何种情况下，公司的岗位将发生变化，属于岗位变动的各类应用场景，可以作为岗位管理制度第 3 章的内容。岗位变动规定的内容包括晋升管理、降级管理、转岗管理、借调管理、转正管理、离职管理。

1. 晋升管理

在晋升管理的部分，应规定公司岗位晋升需要具备的实施条件、晋升方式、选拔依据和评定标准。岗位晋升的标准应当清晰，根据公司的情况，可以在硬指标的基础上设置一些软指标。

2. 降级管理

在降级管理的部分，应规定当员工出现什么状况、做出何种行为或者当员工出现哪些错误时，应当被降职。与晋升管理的规定相比，降级管理的规定应当更明确、更客观、更具体，以保证员工的公平感。

3. 转岗管理

转岗也可以叫轮岗。为了促进人员流动、节省人力成本、提升员工的综合素质，公司常常需要内部调整员工的岗位。在转岗管理的部分，应规定在什么情况下员工可以变换岗位。公司中员工变换岗位的情况通常有两种：一种是员工主动变换岗位，另一种是员工被动变换岗位。这两种转岗分别对应着不同的操作方法。

4. 借调管理

当某部门的工作临时需要人手支持时，公司可以通过内部借调完成工作任务。岗位管理制度中应明确规定借调的流程。岗位借调要考虑借调员工的感受，于情于法都不应采取强制措施。

5. 转正管理

对于新招聘的员工，应当有试用期的规定，试用期表现合格后，才具备转正资格。在转正管理的部分，应规定员工试用期的期限、试用期的考核内容与注意事项；同时，应规定当员工达到何种条件时具备转正资格。

6. 离职管理

在离职管理的部分，不仅应规定员工离职的办理流程，还应规定员工离职后岗位候选人的补充流程和培养流程。员工离职在所难免，公司应当在如何降低员工离职率的问题上做出努力，也应当注意做好员工离职后的应急工作。

岗位变动规定中包含的内容比较灵活，不限于以上6部分。公司可以根据自身的实际情况，增加或减少岗位变动规定中的内容。

1.4 岗位说明书编制

岗位说明书是很容易被 HR 忽略的重要工具。岗位说明书是对岗位的概括，是岗位管理的基础，也是岗位管理成立的核心内容。如果岗位说明书存在问题，招聘、培训、薪酬设计和绩效评定等工作都将失去依据。

1.4.1 岗位说明书关键内容

要编制岗位说明书，需要做岗位分析。岗位说明书中的内容都是根据岗位分析得出的。岗位分析的方法将在第 2 章中具体介绍。实施岗位分析之后，应根据岗位分析结果和公司的需要，设计岗位说明书的内容。

一份比较标准、完整的岗位说明书应包含 16 类信息。

（1）岗位设置目的，也就是公司为什么要设置这个岗位。搞清楚岗位设置的目的，就是弄清楚岗位存在的意义。有些岗位存在的原因是公司发展的遗留问题。在公司发展之初，也许这类岗位是有价值的，但随着公司的发展，这类岗位已经失去价值，很可能需要做出调整。

（2）岗位工作关系，也就是这个岗位属于哪个单位或部门，上级是谁，下级是谁，有多少人，与从事这个岗位的员工发生工作关系的平级都有谁。

（3）岗位内部联络的工作内容，也就是岗位与内部的上级、下级、平级之间主要的输入和输出是什么。

（4）岗位外部联络的工作内容，也就是岗位需要和外部哪些部门或机构打交道，和这些外部组织打交道时，分别需要输入或输出什么。

（5）岗位工作权限，也就是岗位拥有的权限有多大。

（6）岗位工作职责，也就是岗位拥有的职能和负责的工作内容。

（7）岗位工作任务，也就是如果把工作职责分解成具体的工作任务，都有哪些。

（8）岗位绩效指标，也就是评判从事这个岗位的员工的工作成果的依据。

（9）岗位工作时间，也就是这个岗位的上下班时间，工作日、节假日需不需要加班。

（10）岗位工作地点。也就是这个岗位在哪里上班，是室内还是室外；需不需要定期出差；出差的时间和频率。

（11）岗位工作设备，也就是这个岗位需要用到的生产资料。

（12）岗位工作环境，也就是这个岗位工作环境的空气、温度、湿度情况。这个岗位的工作环境中有没有噪声、辐射、污染或异味，岗位工作环境是不是人类比较适宜的，工作环境对人体是否存在危害。

（13）岗位任职要求，也就是这个岗位需要从业人员具备什么样的教育背景，具备什么样的从业经验，具备什么样的知识结构，具备什么样的工作能力，具备什么样的个性特征。

（14）岗位有效期限，也就是整个岗位说明书生效的开始日期和结束日期。这里设置开始日期和结束日期，是因为岗位说明书需定期更新，通过设置有效期限，提醒公司设置好更新频率。

（15）岗位编审人员，也就是这个岗位说明书的编制人、审核人、最终批准人。一方面是为了在更新时使用，另一方面是为了明确责任。岗位说明书不能随便编制，需要明确编制人和审批人，要明确问题追溯的责任人。

（16）岗位分类编号，这类信息便于管理岗位说明书。当公司的岗位说明书内容较多时，可以采取编号管理。

以上16类信息是一份完整的岗位说明书至少应包含的内容。但不是每个公司在初始编写岗位说明书时都要包含这16类信息。很多管理能力有限、尚未有效运用岗位说明书的公司可以选择其中的部分信息。

1.4.2　岗位说明书格式模板

岗位说明书的格式可以根据公司发展的阶段、需求、岗位分析等目的的不同而灵活设置。在实际应用时，岗位说明书可以灵活多变、可繁可简，只要适合公司就可以。标准岗位说明书的模板如表1-3所示。

表1-3 标准岗位说明书的模板

岗位编码		岗位名称		所属单位	
所属部门		直接上级		直接下级	
下属人数		文件原件		文件附件	
岗位设置目的					
工作关系:					
内部关系联系的内容					
外部关系联系的内容					
工作权限					
1					
2					
3					
工作职责					
职责1					
主要任务	1. 2.				
职责2					
主要任务	1. 2.				
职责3					
主要任务	1. 2.				
工作时间、地点、设备与环境					
工作时间					
工作地点					

续表

	工作设备			
	工作环境			
	关键业绩指标			
任职要求	教育背景:			
	从业经验:			
	知识结构:			
	工作能力:			
	个性特征:			
本岗位说明书有效期限:		年 月 日至	年 月 日	
编制人员		审核人员		批准人员
编制日期		审核日期		批准日期

1.4.3 岗位说明书编写方法

在编写岗位说明书时，有两个比较容易出问题的环节。

1. 岗位设置目的

在岗位设置目的部分，需要用简练而准确的语言描述本岗位在单位及部门中存在的目的和作用。编写前，需要做如下考虑。

（1）该岗位在公司及部门中存在的目的和作用是什么？

（2）如果该岗位不存在，会对公司或部门造成哪些影响？

（3）编写岗位设置目的的格式可以是工作依据＋工作内容＋工作成果。

注意：岗位设置目的陈述不包括如何完成结果的过程。

【举例】

某公司技术总监岗位的设置目的为：协助、分担总经理的工作，保障公司能够保质、保量、按时地提供满足客户技术要求的产品。

2.岗位职责

在编写岗位职责时，需注意如下事项。

（1）岗位职责代表了岗位的主要产出。

（2）岗位职责描述了岗位的工作成果而非过程。

（3）岗位职责中的每一个说明描述了单独的、不同的最终结果。

（4）岗位职责不是广义的、含糊的说明。

（5）岗位职责中的每个说明都没有时限，如果岗位没有改变，职责不会改变。

（6）岗位职责是该岗位人员所负有的职责以及工作所要求的最终结果。

（7）岗位职责是岗位长期及经常性的工作，而不是短期或临时性的工作。

（8）岗位职责应按照重要性顺序填写，重要的职责填写在前面。

（9）每项岗位职责的描述最好不超过50字。

特别重要的单项职责，其占用的时间一般大于岗位员工工作总时间的5%。未被逐项详细描述的其他职责所占用的时间一般不超过该岗位的员工完成所有职责工作时间的10%。紧密相关的（如用于完成一项任务的几个步骤）或类似的职责可以归为一项职责来描述，除此之外，尽量避免把几项职责合并在一个小标题下做概括描述。

一份好的岗位说明书包含了准确描述"需要做什么"的以动词开头的语句。可用"起草""审核""执行""指导"等具体动词，尽量避免用"负责"等笼统的词。

【举例】

"每季度起草报告"。

"倾听客户的买卖指令"。

"比较部门实际费用与预算费用的差别"。

用动词描述岗位的具体职责时，尽可能对每一项职责提供具体的例子来描述，避免只使用"管理""监督"等词语，要描述出管理、监督的具体事项。职责描述语句包含的内容通常有动词、宾语、目的描述，如表1-4所示。

表1-4 职责描述语句包含内容举例

动词	宾语	目的描述
收集	财务数据	审核各部门提出的预算费用需求
执行	财务预算	支持公司下年度财务规划
统计	客户数据	向公司管理层汇报老客户的流失率
清洁	机器设备	保证机器能够正常操作
驾驶	员工班车	保证工作日接送员工上下班

岗位说明书的起草人在初步起草岗位说明书后，要提交岗位分析项目小组讨论确定。在讨论过程中如果有不明确的问题，还可以向相关人员进一步了解情况。

小组讨论的意义在于：小组各成员对同一岗位有不同视角，他们的意见可保证该岗位说明书的内容更加确切、完整，文字表达更加准确。

经岗位分析项目小组讨论确定后的岗位说明书可以返回给岗位现任职人员或该岗位直属上级，向他们征求反馈意见，并且做进一步必要的修改。岗位说明书最终由人力资源部负责人审核批准，并进行编号，成为正式的岗位说明书档案。

1.4.4 某上市公司岗位序列/角色分析

某上市公司是一家财务管控型的集团公司，集团公司共有6,000余人，下设20余家子公司，各子公司分别从事不同的关联产业。在这些子公司中，有大约三分之一属于高新技术型生产制造业，大约三分之二属于劳动密集型生产制造业。

该公司每月针对岗位的序列和角色，做人员分布情况分析，如表1-5所示。

表 1-5　某公司岗位序列/角色人数分布情况分析

项目	管理序列	技术序列	市场序列	生产序列						质量序列			采购序列	财务审计序列	人力资源序列	行政序列			项目管理序列		其他序列							总计
	高层管理	技术工艺	市场开发维护	安全管理	仓库管理	设备维修管理	生产实施	生产统计	合计	体系认证	质量性能检测	合计	物资供应	财务审计	人力资源职能管理	行政、内勤、文秘	档案管理	合计	项目申报	信息管理	保安	司机	厨师	信管	勤杂	病休	合计	
总部(人)	6		29	1	1	11	264	5	289	2		3	2	16	4	16	1	17	2		9	18			20	1	48	129
总部占比(%)	4.7%		22.5%	0.8%	0.8%	3.2%		1.6%	2.3%	1.6%		2.3%	1.6%	12.4%	3.1%	12.4%	0.8%	13.2%	1.6%		7.0%	14.0%			15.5%	0.8%	37.2%	100%
A子公司(人)	2	29		3	6	11	264	5	289		14	14	2												12	1	13	349
A子公司占比	0.6%	8.3%		0.9%	1.7%	3.2%	75.6%	1.4%	82.8%		4.0%	4.0%	0.6%												3.4%	0.3%	3.7%	100%
B子公司(人)	1	12		3	6	9	432	5	455		58	58	2		1	2		2	3				3	7	10	1	21	566

续表

项目	管理序列	技术序列		生产序列						质量序列			采购序列	财务审计序列	人力资源序列	行政序列			项目管理序列	信息序列	其他序列							总计
	高层管理	市场开发维护	技术工艺	安全管理	仓库管理	设备维修管理	生产实施	生产统计	合计	质量性能检测	体系认证	合计	物资供应	财务审计	人力资源职能管理	档案管理	行政、内勤、文秘	合计	项目申报	信息管理	保安	司机	厨师	宿管	勤杂	病休	合计	
B子公司占比(%)	0.2%		2.1%	0.5%	1.0%	1.6%	76.3%	0.9%	80.4%	10.2%		10.2%	0.4%		0.2%	0.4%		1.9%	0.5%		0.5%		1.2%		1.8%	0.2%	3.7%	100%
C子公司(人)	1		18		6	16	96	1	119	10		10	4			1	1	2							1	2	3	157
C子公司占比(%)	0.6%		11.5%	3.8%		10.2%	61.1%	0.6%	75.8%	6.4%		6.4%	2.5%			0.6%	0.6%	1.3%	1.3%						0.6%	1.3%	1.9%	100%

注：由于保留整数四舍五入，数据存在一定误差。

通过对不同子公司人数的比较，能够看出不同子公司在不同序列和角色类别上人员数量占比的差异，通过这种差异，可以找到不同子公司人员可能缺少或冗余的部分。

比如，在技术序列的技术工艺角色的人员当中，C 子公司的人数占比是 11%，是 3 家子公司中人数占比最多的，B 子公司的人数占比是 2%，是 3 家子公司中人数占比最少的；在质量序列的质量性能检测角色的人员当中，B 子公司的人数占比是 10%，是 3 家子公司中人数占比最多的，A 子公司的人数占比是 4%，是 3 家子公司中人数占比最少的。

这种序列 / 角色人数占比之间的差异也许是因为背景不同，也许是刻意安排，但也很有可能是子公司的人员结构出现了问题，需要做出人员结构的调整。定期进行这类分析，能够及时发现问题，也可以在分析问题并制定解决方案之后持续跟踪问题的改善情况。

第 2 章

岗位管理应用

岗位管理在人力资源管理工作的应用中，有5项比较关键的管理工作，分别是岗位分析、岗位定编、岗位价值评估、岗位权责利划分和人力资源供需预测。岗位分析是岗位管理的前提，岗位定编是岗位管理的应用，岗位价值评估是薪酬管理的基础，岗位权责利划分是提升组织效能的必备方法，人力资源供需预测是实施人力资源规划的重要环节。

2.1 岗位分析的4种方法

岗位分析不仅是编写岗位说明书的前提，也是全方位了解岗位的前提。全面掌握岗位信息，便于公司做好岗位管理。实施岗位分析，常见的方法有4种，分别是观察分析法、岗位访谈法、工作实践法和问卷调查法。

2.1.1 观察分析法

观察分析法指的是通过观察分析进行岗位分析的方法。通过对实际从事岗位的特定对象的观察，把该岗位有关工作各部分的内容、原因、方法、程序、目的等信息记录下来，然后把取得的岗位信息归纳整理为合适的文字资料。

虽然通过观察分析法取得的信息比较广泛、客观，但这种方法实施起来并不简单。实施观察分析法要求观察人不仅要有足够的经验，而且要在必要的时候懂得提问和纠偏。

观察分析法适用于分析工作内容标准化程度比较高、变化性和创新性比较小的岗位，不适用于创新性比较大、可变性比较大、循环周期长和主要以脑力劳动为主的岗位。另外，对于观察人看不懂的岗位，也不适合用观察分析法。

运用观察分析法时，除了记录现状，还可以通过观察，发现并分析员工作业的每个动作背后，哪些是产生价值的，哪些是无价值甚至是产生副作用的，然后对员工的作业动作持续修正，让员工在未来工作中保持正确的动作，减少错误的动作，规范作业流程，从而显著提高生产效率，降低生产成本。

要实施观察分析法，首先需要设置一个观察人，然后开始观察、记录、分析员工的每一个作业动作。这个观察人的角色不一定需要HR担任，只要掌握这套方法，其他人也可胜任。观察分析法的关键在于观察和记录的过程，责任心比较强、对岗位有一定了解的人就可以担任观察人。

实施观察分析法的流程分成3步。

1. 选择观察对象

选择观察对象时，一般应选择相对优秀的员工，员工的优秀程度一般应在中位值以上。所谓员工的优秀程度，就是员工的能力、效率或绩效的优秀程度。一般来说，优秀程度处在75分位值（比75%的同类岗位员工优秀）左右的对象是最佳观察人选。因为这类人选比较优秀，但又不是特别优秀。适合把这类人选的劳动效率或工作方法当成标杆在公司中推广。实施观察分析法时要注意客观，能用数据表示的工作，应尽量用数据表示。

2. 开始实施观察

观察人开始实施观察后，要观察和记录观察对象的作业内容。观察人要对观察对象的作业动作进行分解和分类，找到正确的作业动作和错误的作业动作。为保证观察记录结果的准确性，在实施观察分析法的过程中，可以纠正员工错误的作业行为，让员工按照正确的作业行为来实施作业。

3. 形成观察结果

在观察一段时间后，观察人形成观察结果。观察人在实施观察后，根据观察到的作业行为和作业效率，把作业动作固化、标准化，形成标准工作程序。然后观察人可以再观察一下员工实施标准工作程序，也就是按照正确的作业方式实施作业之后的工作效率，记录关键数据。

2.1.2 岗位访谈法

岗位访谈法通过访谈人和岗位任职人员的谈话来收集岗位相关的信息资料。实施岗位访谈时,可以采取单独面谈的方法,也可以采取团体面谈的方法;可以当面访谈,也可以通过电话访谈。

岗位访谈法适用于工作内容标准化程度比较低、变化性和创新性比较大的岗位,例如人力资源管理岗位。当然也不排除有一些事务性工作比较多的人力资源管理岗位,可能工作的标准化程度比较高。

对于一些专业门槛比较高的技术岗位,或者很难从外部直接观察到作业流程的岗位,又或者观察人不了解、看不懂的岗位,都适合采用岗位访谈法。

实施岗位访谈时,需要访谈人掌握良好的面谈技巧。

实施岗位访谈的流程分成 4 步。

1. 访谈准备

岗位访谈人在实施访谈准备时,要注意明确访谈的目标,要事先做好时间约定,事先准备好访谈需要的相关问题和资料,提前通知被访谈者,让其做好准备,访谈的地点最好选在不受干扰的地方。

2. 访谈开头

在访谈开始前,岗位访谈人要解释访谈的目的,营造一个比较宽松的环境和友好的氛围,告知对方整个访谈过程中可能需要做必要的记录;访谈时要去除偏见,不要带着个人观点问问题,通过比较全面地提出问题,获得对岗位工作的总体认知。如果是面对面的访谈,要始终保持访谈的礼仪,在访谈的过程中,保持和被访谈者的目光接触。

3. 访谈过程

岗位访谈是一种事实挖掘类的访谈,它的目的是获得事实,而不是获得某种观点,更不是获得某种偏见。岗位访谈人要注意引导整个访谈过程,把被访谈者带入整个访谈的主题中,让对方针对问题回答事实,而不是回答个人的观点,同时给对方留出足够的时间思考。

在岗位访谈的过程中,为了防止被访谈者不断表达个人观点或情绪,访谈人要不断澄清事实，使用沟通中的提问和倾听技巧；同时，及时与被访谈者澄清其没有表达清楚的内容。

4. 访谈结束

在访谈结束时，岗位访谈人要核查自己是否已经获得访谈需要的所有信息；总结关键信息，询问被访谈者是否还有话说；如果还有内容不够清楚，可以追问；访谈结束后，要礼貌地感谢对方所投入的时间和精力。

岗位访谈人可以在访谈后，与这个岗位的直属上级再进行一次沟通，向其反馈对这个岗位进行访谈的内容。在一些因为上下级信息不对称造成的认知差异问题上，可以和这个岗位的直属上级进行讨论和修改。

访谈人在访谈时，根据访谈要求的不同，可以采取两种方式。第一种是提问式，也就是提出问题，要求对方回答。例如"在什么样的情况下你需要获得上级的批准？"第二种是陈述式，也就是直接要求被访谈者就某一方面问题进行陈述。例如"请你告诉我……"

根据问题的性质不同，可以把提问分成两种方式。

（1）开放式提问。这种提问对回答内容完全不限制，给被访谈者自由发挥的空间。例如"你的日常工作主要包括哪些内容？"

（2）封闭式提问。这种提问的回答通常只有"是"和"否"两种，或者其他给定的选项。例如"你是否负有人员管理的职责？"

一般来说，岗位访谈刚开始是信息扩充的过程，可以多提一些开放式问题。访谈进行到一定程度后，是信息提炼的过程，可以适当提一些封闭式问题。

根据提问内容和时机的不同，可以把提问分成 4 种方式。

（1）探究式，也就是对同一个问题进行追问，以获得全面、透彻的了解。例如"组织用户活动具体包括哪几个环节？"

（2）连接式，也就是对一个问题上下游的或有关联的其他问题进行追问。例如"在完成了用户小站现场安装后，还需要做什么后续工作吗？"

（3）澄清式，也就是对有疑问的问题进行复述以确认自己准确地理解了被访谈者想表达的意思。例如"你的意思是你只有权审批 500 元以下的费用报销单，是吗？"

（4）总结式，也就是在被访谈者基本完成陈述后，总结其陈述内容，予以确认并追问是否有遗漏。例如"你刚才介绍了这个岗位的主要工作包括……，还有其他需要补充的吗？"

访谈过程中，访谈人要注意避免以下4种提问方式。

（1）诱导性提问。例如"我觉得你不喜欢督导你的员工，是吧？"

（2）连珠炮式提问。例如"你的日常工作是哪些？你每周要接触多少客户？下多少个订单？有没有权限审批费用？"

（3）偏见式提问。例如"你们做库管岗位的是不是常常没什么事干啊？"

（4）多选式提问。例如"你是每周、每月、每两个月，还是每季度与客户见一次面？"

2.1.3 工作实践法

工作实践法，也叫工作参与法，指的是岗位分析人员实际从事待研究岗位工作，在工作过程中掌握有关工作的一手资料。采用这种方法有助于岗位分析人员切身体会岗位工作的实际任务，以及在体力、环境、社会等方面的要求，能够细致、深入、全面地体验岗位的工作实践。

工作实践法适用于短期内可以掌握的、技能门槛比较低、比较容易上手的岗位，或者实施岗位分析的人原本就比较熟悉的岗位。对于那些技术难度比较高、需要接受大量训练才能上手的岗位，或者危险系数比较高的岗位，不适合采取这种方法。

工作实践法的优点是可以实现岗位分析人员与岗位零距离接触。这时候，岗位分析人员获得的岗位信息比其他岗位分析方法都更真实，岗位分析人员的感触更深，能获得一些其他岗位分析方法没办法获取的信息与感受。

工作实践法的缺点是由于岗位分析人员自身知识和能力的限制，这种方法的应用范围比较窄，这就决定了很多入门门槛比较高的岗位很难实施工作实践法。而且与岗位工作分析的其他方法相比，这种方法需要的时间成本也比较高。

岗位分析人员在实施工作实践法时需注意如下 3 点。

1. 信息价值

工作实践法获得的信息并非绝对正确。浅尝辄止式的工作实践虽然可以体验岗位的实际工作，但有可能只了解了岗位实际工作的皮毛，短时间的工作实践获得的信息很可能并不是岗位全貌。

2. 成本较高

工作实践法的成本比较高，而且适合实施的岗位类别有限，所以这种方法一般不单独使用，而应与观察分析法或岗位访谈法配合使用。采用多种岗位分析方法能够形成信息验证和相互补充。

3. 实施质量

工作实践法的实施质量和岗位分析人员自身的经验水平有很大的关系。工作经验比较丰富的分析人员比工作经验比较少的分析人员更适合采用工作实践法。

当有两个岗位分析的候选人，这两人其他条件一样，唯一不同的是 A 的工作经验比 B 丰富。那么，A 用工作实践法做岗位分析时往往会比 B 能获得更深刻的思考和感受，往往能获得更多的信息。

2.1.4 问卷调查法

问卷调查法是根据岗位分析的目的、内容，编写结构化的问卷调查表，通过发放结构化问卷调查表到岗位任职者，在岗位任职者填写问卷调查表后，由岗位分析人员收集并整理信息，提炼出岗位分析需要的信息的方法。

有 3 种情况比较适合采用问卷调查法。

（1）拥有比较好的人力资源管理基础的公司，已经具备岗位分析的基础数据信息。

（2）已经对岗位具备一定了解，需要补充收集信息，让信息更完善。

（3）需要分析的岗位种类和数量较多，没有时间实施其他岗位分析方法。

岗位分析用到的通用问卷调查表如表 2-1 所示。

表 2-1　岗位分析用到的通用问卷调查样表

类别	序号	问题	作答
请在仔细思考后，认真回答如下问题			
设置目的	1	你认为这个岗位设置的目的和初衷是什么？这个岗位为什么需要存在	
	2	你认为这个岗位能给公司提供什么价值	
工作关系	3	这个岗位的上级是谁？上级岗位有什么职责？上级岗位还管哪些人	
	4	这个岗位需要和哪些平级部门/岗位/同事联络	
	5	这个岗位有哪些下级？有多少人	
内部联络	6	这个岗位与上级之间的主要联络内容是什么？上级的要求是什么？在与上级的联络中，岗位的输入和输出主要是什么	
	7	这个岗位与平级之间的主要联络内容是什么？与平级之间联络的输入和输出主要是什么	
	8	这个岗位与下级之间的主要联络内容是什么？与下级之间联络的输入和输出主要是什么	
外部联络	9	这个岗位需要和哪些外部部门或机构打交道	
	10	这个岗位在与外部组织打交道时，主要的输入和输出是什么	
工作权限	11	这个岗位的权限有多大？能做什么？不能做什么	
工作职责	12	这个岗位主要的工作职责内容是什么	
具体任务	13	对应工作职责，这个岗位有哪些具体的工作任务	
绩效指标	14	这个岗位有哪些绩效考核指标？这些指标分别代表什么含义	
	15	除了达成绩效指标外，还有哪些评判这个岗位工作成果的方法	
复杂程度	16	这个岗位的工作有多复杂？有多难	
受到监督	17	谁来监督这个岗位的工作	
	18	谁来评判这个岗位的工作成果	
	19	谁来做这个岗位过程的管控	
任职要求	20	这个岗位需要从业人员具备什么样的教育背景	
	21	这个岗位需要从业人员具备什么样的从业经验	
	22	这个岗位需要从业人员具备什么样的知识结构	
	23	这个岗位需要从业人员具备什么样的工作能力	
	24	这个岗位需要从业人员具备什么样的个性特征	
工作环境	25	这个岗位工作环境的空气、温度、湿度状况如何	
	26	这个岗位的工作环境中有没有噪声、辐射、污染、异味	
	27	这个岗位的工作环境是否为人类比较适宜的？工作环境对人体是否存在危害	

续表

类别	序号	请在仔细思考后，认真回答如下问题	
		问题	作答
工作时间	28	这个岗位的正常上班时间是几点到几点	
	29	这个岗位是否需要经常加班？加班的时长如何	
工作地点	30	这个岗位大多数时间的工作地点在哪里	
	31	这个岗位是否需要出差？出差的频率如何	
工作设备	32	这个岗位需要用到哪些设备	

表2-1为比较全的岗位分析调查问卷内容，公司也可以根据实际需要设计问卷调查表，可以根据需要增加或减少问卷调查表的内容。

在实施问卷调查法时，需要注意3点。

1. 优先级低

由于问卷调查法获取信息质量的不可控性，这种方法一般被认为是优先级比较低的岗位分析方法。当能够采取观察分析法、岗位访谈法或工作实践法时，应当优先选择这3种方法实施岗位分析，或者把问卷调查法作为这3种岗位分析方法信息补充的方法。

2. 宣导教育

为了保证问卷调查法获取信息的质量，在实施问卷调查法前，有必要在公司内部进行一定的宣导教育。必要时，可以请公司高层管理者出面宣导，让调查问卷的被调研人重视调查问卷的填写工作。

3. 信息核对

为验证问卷调查法获取信息的质量，在实施问卷调查法收集到相关信息后，应当进行一定的信息核对，核对当前掌握的岗位信息与问卷调查结果间的差异。如果发现很多问卷调查信息存在明显问题，很可能说明填写调查问卷的人没有认真对待，这类信息不能采信。

与实施员工满意度调查中采取的匿名问卷调查不同，实施岗位分析应用问卷调查法时，可以采取记名的问卷调查方式。实名填写调查问卷有助于增加填写问卷者对调查问卷的重视程度。当然若公司出于其他考虑，也可以采取匿名填写的方式。

2.2 岗位定编的4种方法

确定人力资源使用数量的过程被称为岗位定编。合理的岗位定编有助于降低人力资源成本、提高人力资源效能。常见岗位定编的计算方法包括劳动效率法、预算控制法、业务流程法和行业对标法4种。

2.2.1 劳动效率法

劳动效率法就是根据生产任务和员工的劳动效率以及出勤等因素来计算岗位定编的方法，或者是根据工作量和劳动定额来计算员工定编的方法。

凡是实行劳动定额的岗位，特别是以手工操作为主的岗位，都适合采用这种方法。对于一些强调劳动效率的公司，也可以采取这种岗位定编计算方法。

劳动效率法的通用计算公式如下。

定编人数 = 计划期生产任务总量 ÷（员工劳动效率 × 出勤率）。

【举例】

某公司明年计划生产产品总任务量为 100 万件。这家公司每个工人的平均生产效率是每天生产 10 件（工人的劳动产量定额是每天生产 10 件），工人的年平均出勤率为 90%。该公司工人的定编人数应是多少？

工人的定编人数 =1×10^6 ÷ [10 ×（365-2×52-11）×90%]=445（人）（四舍五入）。

其中，"1×10^6"（100 万），是指计划期内生产任务总量 100 万件。

"10" 指员工每天的劳动效率，即每天生产 10 件。

"365" 指一年的天数。

"2×52" 是一年周末的公休天数。

"11" 是每年国家法定节假日的天数。

"90%" 是出勤率。

劳动定额的基本形式有产量定额和时间定额两种。上例的计算方式为产量定额，如果按照时间定额，计算公式如下。

定编人数 = 生产任务 × 时间定额 ÷（工作时间 × 出勤率）。

【举例】

某公司明年计划生产产品总任务量为100万件。该公司产品的时间定额是1小时，也就是每生产1件产品，需要1个工人耗费1小时的时间，工人的年平均出勤率为90%，每天工作8小时。该公司工人的定编人数应是多少？

工人定编人数 $=1×10^6×1÷[8×（365-2×52-11）×90\%]=556$（人）（四舍五入）。

其中"$1×10^6$"（100万）代表计划期内生产任务总量。

"1"代表生产一件产品需要的小时数，也就是时间定额。

"8"指每个工人每天工作的小时数。

"365"是一年的天数。

"2×52"是一年周末的公休天数。

"11"是每年国家法定节假日的天数。

"90%"是出勤率。

2.2.2 预算控制法

用预算控制做岗位定编是财务管控型公司较常使用的定编方法，它是通过人力成本预算的金额或人力成本预算比率控制岗位定编的方法，这种方法一般不会对某一个部门或某一类岗位的具体人数做硬性规定。

应用预算控制法做岗位定编时，一般是部门负责人对本部门的业务目标、岗位设置和员工人数负责，在获得公司批准的预算范围内，自行决定各岗位的具体人数。这里的预算可能是确定的数字，也可能是数字范围，还可能是人力成本和销售收入的比率，也就是预算人力费用率。因为一旦销售收入大幅度增加，有可能需要适当地增加一些人力。

预算控制法的通用公式如下。

定编人数 = 销售预算额 × 预算人力费用率 ÷ 平均每人的人力成本额。

【举例】

某集团公司下设20家分公司。集团公司没有时间和精力对20家分公司事无巨细地管理，而且过度管理还可能引起这20家分公司总经理的反感。于是集团公司决定，主要管理这20家分公司的财务结果，其中包括了销售额和利润额。

要达成财务结果，必须要有一定的财务过程测算作为保障。一般来说，如果没有特殊情况，不会出现一家分公司各类成本超标，利润却达标的情况。所以集团公司要管控财务结果，实际上也要管控分公司的各种财务支出。人力成本支出就是财务计算成本中的重要一项。

该集团公司对分公司的人力资源岗位定编采取预算控制法。该集团公司通过财务预算，给分公司设定人力成本预算额。此时，集团公司就只管控分公司的总人力成本预算，通过人力成本预算，来计算总人数。

在人力成本预算范围内，分公司具体如何用人，是分公司自己的事，集团公司不做过多干涉。集团公司主要是从财务成本上做好管控，保证财务成本不超过预算值。

上例这种财务管控模式的管理成本比较低，在很多规模比较大的集团公司中应用比较广泛。当然，上例只是简化说明原理。财务管控的管理模式并不代表集团公司只能管分公司的财务，其他事项就真的什么都不管。一般来说，除财务管理外，在一些重大战略决策上，在一些重要管理岗位的人事任命上，在一些比较重要的领域上，集团公司依然会对分公司进行必要的管控。

对于非集团化公司、小规模公司，也可以应用预算控制法，此时的应用原理是相同的。此时，公司总部可以对各部门制定人力成本预算。由于公司资源有限，而且资源与产出之间应当密切相关，所以应用预算控制法可以对各部门人数有严格约束。

【举例】

某集团公司给A子公司设定的明年销售预算额是10亿元，预算人力费用率是10%。A子公司平均每人每年的人力成本是8万元。A子公司的定编人数应是多少人？

A子公司定编人数 $=10\times 10^8\times 10\%\div (8\times 10^4)=1,250$（人）。

其中，"$10\times 10^8\times 10\%$" 指的是明年的预算人力成本额。

如果遇到组织战略调整或市场环境发生较大变化，预算相应发生了重大变化，那么定编人数也可以相应做出调整。

【举例】

接上例。假如市场形势比较好，A子公司明年的销售预算额调整为12亿元，则按照预算控制法，该子公司定编人数的计算如下。

A公司定编人数 $=12\times10^8\times10\%\div(8\times10^4)=1,500$（人）。

其中，"$12\times10^8\times10\%$"是明年的预算人力成本额。

2.2.3 业务流程法

业务流程法是根据岗位的工作量和各岗位员工的工作效率计算岗位定编的方法。员工的工作效率可以有单位时间产量和单位时间处理业务等。根据公司总业务量，可以确定不同流程的工作量，根据业务流程衔接，从而确定各岗位人员编制。

简单地说，就是首先确定某道工序有多少个流程环节，每个流程环节的工作量如何，每个流程环节员工的工作效率如何，然后分别用每个环节的工作量和员工的工作效率计算每个环节需要的员工数量。最后，把所有环节需要的员工数量加在一起，得出整个部门需要配置的员工数量。

业务流程法的原理类似劳动效率法，但因为业务流程法是分步骤和分流程的，所以计算过程比劳动效率法更复杂。而且业务流程法需要收集大量业务流程中的关键数据，这一点比劳动效率法更难。

业务流程法没有固定的公式，需要一事一议。

【举例】

某部门每天的工作流程一共分成5个步骤，每个步骤需要的工作量以及平均每个员工每小时能完成的工作量如表2-2所示。

表2-2　某部门每个步骤需要的工作量以及平均每个员工每小时能完成的工作量

流程环节	1	2	3	4	5
每个步骤需要的工作量	72	64	160	40	80
每个员工每小时工作量	3	4	5	5	1

该公司员工的出勤率是80%，此时，该部门应配备多少名员工？

该部门的定编人数 =[72÷（3×8）+64÷（4×8）+160÷（5×8）+40÷（5×8）+80÷（1×8）]÷80%=25（人）。

其中，"8"指的是每个员工每天8小时的工作量。

用每个步骤每天需要的工作量除以每个员工每天的工作量，能够得到每个步骤需要的人数。

上例中岗位编制的计算方法只是简单演示。实际中计算岗位定编时，应当有比较具体的场景，而且通常需要长时间、大量的数据收集。很多公司不知道如何计算岗位定编，问题往往出在数据收集的环节。因为没有足够的数据基础，所以找不到适合的岗位定编计算方法。

2.2.4　行业对标法

行业对标法是较简单的岗位定编方法。很多初创公司适合采用行业对标法进行岗位定编。劳动效率法、预算控制法和业务流程法这3种岗位定编方法都不仅需要公司内部具备一定管理基础，而且需要大量数据支持。

我的团队曾经在一个人力资源管理咨询项目中，用业务流程法给一家公司的某个环节做岗位定编时，为了得到用于计算岗位编制的足量数据，让每个岗位分析人员跟着岗位人员实地工作和观察了一周时间。而行业对标法不需要公司内部具备比较强的管理基础，就算是初创公司，或刚成立的部门，之前没有任何数据积累，也可以用这种方法。

行业对标法就是应用行业对标公司的情况来进行岗位定编的方法。行业对标法也可以用某个特定行业、特定组织中某类岗位的人数和另一类岗位人数的比例来确定岗位编制。简单地说，就是参照标杆公司或对标公司的情况来设计自身的岗位编制。

在相同类型的组织中，因为存在专业化分工和协作要求，某一类人员和另一类人员之间比较容易存在一定的比例关系，而且二者有可能因为某种因素相互影响，彼此因某种变化而产生变化。所以行业对标法也比较适合对人力资源管理、行政管理、后勤管理等各种辅助支持类岗位进行定编。此时岗位定编的计算可以按照如下通用公式计算。

某类岗位定编人数 = 另一类岗位人员总数 × 对标公司定员比例。

【举例】

某餐饮连锁服务业公司现有一线服务人员1万人,在行业内其他对标公司中,人力资源管理人员和公司一线服务人员的比例一般是1:100。这家公司应配置多少人力资源管理人员?

该公司人力资源管理人员人数 = $1 \times 10^4 \times 1 \div 100 = 100$(人)。

2.3 岗位价值评估的4种方法

岗位价值评估是在岗位分析的基础上,对岗位责任大小、工作强度、所需要的资格条件等特性进行评价,确定岗位相对价值的过程。它是确定岗位级别的手段,是薪酬分配的基础,也是员工确定职业发展和晋升路径的参照。常见岗位价值评估的方法有4种,分别是岗位排序法、岗位分类法、因素比较法和要素记点法。

2.3.1 岗位排序法

岗位排序法是根据一些特定的标准,如工作的复杂程度、对组织的贡献大小等对各个岗位的相对价值进行整体比较,然后把岗位按照相对价值高低排列出次序的岗位价值评估方法。岗位排序法的核心是排序。

在实际操作时,岗位排序法可以采用两种不同的做法:一种是直接排序法,一种是交替排序法。直接排序法就是直接从高到低地排序。交替排序法是可以先排第1名,再排最后1名,再排第2名,再排倒数第2名……按此逻辑依次进行,或者先排中间的名次,再排其他名次。这两种方法无好坏之别,主要看操作习惯或情况需要。

岗位排序法是较简单的岗位价值评估方法,通常适用于规模较小、生产结构单一、岗位数量较少、岗位设置比较稳定的组织。

实施岗位排序法可以分成3步。

（1）成立岗位排序评定小组，了解岗位的具体情况，收集有关岗位方面的资料、数据。

（2）岗位价值评定人员事先确定评判标准，对所有岗位的重要性作出评判。

（3）将小组成员的排序结果汇总得到最终排序结果。这一步是把经过所有评定人员评定的每个岗位的排名结果加在一起，得到序号的和，然后把序号和除以评定人数，得到每个岗位的平均序数。最后按平均序数值的大小，由小到大评定出各岗位相对价值的次序。

【举例】

某公司期望评价常务副总经理、销售经理、财务经理、人力资源经理、技术经理、产品设计经理、生产经理、采购经理8个岗位的价值。

（1）这家公司总经理、部分股东、外部专家等组成了一个5人评定小组，小组成员分别是张三、李四、王五、赵六、徐七。评定小组收集了这8个岗位的岗位说明书、述职报告、周报等各种和岗位有关的信息。经5人讨论，基本确定岗位排序的标准。

（2）评定小组从岗位信息中的责任要求、技能要求、知识要求等维度，对岗位进行了排序，排序结果如表2-3所示。

表2-3 某公司8个岗位的岗位价值评估排序结果

评定人	常务副总经理	销售经理	财务经理	人力资源经理	技术经理	产品设计经理	生产经理	采购经理
张三	1	2	8	7	4	3	5	6
李四	1	4	7	6	3	2	5	8
王五	1	2	8	6	3	4	5	7
赵六	1	4	8	6	2	3	7	5
徐七	1	2	8	6	4	3	5	7

表2-3顶端（横向）是这家公司的8个岗位，左端（纵向）是评定人，表中的数字是不同评定人认为的不同岗位的排序名次。评定小组中的每个评定人对不同岗位都有自己的理解，所以岗位排序名次存在差异。

（3）把经过所有评定小组成员评定的每个岗位结果加以汇总得到平均序数，如表2-4所示。

表2-4 评定小组成员岗位排序结果平均序数

岗位	常务副总经理	销售经理	财务经理	人力资源经理	技术经理	产品设计经理	生产经理	采购经理
平均序数	1	2.8	7.8	6.4	3.2	3	5.2	6.6

表2-4中的数字，是将评定小组成员对不同岗位排序的数字相加后，再除以5（评定小组的人员数量）得出来的。

根据计算出的岗位排序平均序数，就能得到这家公司8个岗位价值从高到低的排序分别为常务副总经理、销售经理、产品设计经理、技术经理、生产经理、人力资源经理、采购经理、财务经理。

得出此结论后，可以让评定小组成员最终讨论确认，看是否得到多数意见一致。如果能得到多数意见一致，就可以得到最终结果；如果不能得到多数意见一致，可以再进行一轮投票，也可以让评定小组讨论如何修改，从而得出最终结论。

通过岗位排序法进行岗位价值评估的优点是操作比较简单，任何公司都可以实施。但这种方法也有比较大的局限性，主要体现在以下两点。

1. 主观性强

当某类岗位受特殊因素影响时，如有些岗位有在高空、高温、高寒或有害有毒环境下工作的时候，评估人员常常会偏向于把这类岗位的相对价值估计得过高。

2. 不能量化

岗位平均序数的差值并不能反映岗位相对价值的差值大小，不能作为岗位价值的量化依据。也就是说，虽然有了岗位价值高低的排序，但此排序中的第1名和第 2 名之间差多大，第 2 名和第 3 名之间差多大，并不清楚。

排序有一种暗示，就是各个名次之间的差距大概率是相等或相近的，也就是第 1 名与第 2 名之间和第 2 名与第 3 名之间的差距可能差不多。但实际情况并非如此，有可能第 1 名和第 2 名之间的差距很小，如差距是 0.1；第 2 名和第 3 名之间的差距却很大，如差距是 10。

0.1 和 10 之间差了 100 倍。假如很多人应用岗位排序法时，认为第 1 名与第 2 名之间的差距和第 2 名与第 3 名之间的差距差不多，就必然会出现问题。

本小节案例中就存在类似的问题，所有评定小组成员都认为常务副总经理岗位在这 8 个岗位中应当排第一，但对其他 7 个岗位，评定小组成员意见不一。这在一定程度上说明常务副总经理岗位的价值和其他岗位相比差距较大，明显不在相同量级，所以才得到一致意见。当然，用常识也可以得出此结论。

本小节案例中岗位价值评估最终结果排第一的是常务副总经理，排第二的是销售经理，排第三的是产品设计经理。根据常识也能感受到，第 1 名常务副总经理和第 2 名销售经理之间存在明显差距，差距明显比第 2 名的销售经理和第 3 名的产品设计经理间的差距大。

当然，这并不代表岗位排序法是一种无效或不值得用的岗位价值评估方法。差距近似的岗位，比较适合采用岗位排序法。例如某公司的生产车间，不同流程上有很多近似的岗位，这些岗位价值对整个车间来说都差不多，但车间主任为了对不同岗位形成难易度区分，让不同难易度的岗位间每月有一定的薪酬差异，此时可以对这类岗位使用岗位排序法。

2.3.2　岗位分类法

岗位分类法是通过制定一套岗位级别标准，把公司所有岗位根据工作内容、工作职责、任职资格等方面的不同要求，划分出不同类别、不同级别，通过把待评估的岗位与标准进行比较，把岗位归到各个级别中去的岗位价值评估方法。

在应用岗位分类法时，有一种比较通用的分类，如分为行政管理类、技术类、营销类等，然后给每类岗位确定一个岗位价值范围，并且对同类岗位进行排序,从而确定每个岗位的岗位价值。

岗位分类法和岗位排序法都适用于小型的、结构比较简单的公司。

实施岗位分类法可以分成3步。

(1)收集并分析岗位的相关信息。建立岗位等级体系,确定岗位等级数量,对各岗位等级进行定义和描述。

(2)建立评估小组。把待评估的岗位与确定的标准进行对比,从而把这些岗位定位在合适工作类别中的合适级别上。

(3)对数据进行统计计算,得出等级平均值,从而得出结果。

【举例】

某公司要对销售经理、销售专员、人力资源经理、人力资源专员、产品设计经理、产品设计专员、采购经理、采购专员8个岗位进行岗位价值评估。

(1)该公司收集各个岗位的岗位说明书等相关信息,并做出相应的分析,设立出4级岗位体系,具体的等级和描述如表2-5所示。

表2-5 某公司4级岗位体系等级和描述

等级	定义描述
4	较复杂的职位 需要独立决策 需要监督他人工作 需要接受高级专业技术训练和具备较丰富的经验
3	中等复杂程度的职位 根据既定政策、程序、技术能独立思考 需要较强的专业知识及一定经验 既要受到他人监督,又要监督他人
2	需要一定判断能力的职位 具有初级技术水平 具有一定经验 受主管人员监督
1	从事例行工作事务 按照既定程序工作 处在直接主管的监督下 不含技术色彩

表 2-5 中的岗位等级一共有 4 级，第 4 级是最高级，第 1 级是最低级。在其他公司应用时，岗位可以分 3 级，也可以分 5 级，具体分几级可以根据公司实际情况确定。如果岗位类别较多、差异较大，分级可以适当增加；如果岗位类别较少、差异较小，分级可以适当减少。

（2）该公司总经理、部分股东、外部专家等组成了一个 5 人评定小组，评定小组成员分别是张三、李四、王五、赵六、徐七。根据岗位等级和描述标准对不同岗位进行评级，得到结果如表 2-6 所示。

表 2-6 某评定小组对 8 个岗位价值评级结果

评定人	销售经理	销售专员	人力资源经理	人力资源专员	产品设计经理	产品设计专员	采购经理	采购专员
张三	4	2	3	1	4	2	3	2
李四	4	1	4	1	3	2	3	1
王五	4	1	3	1	3	1	4	1
赵六	4	2	3	2	4	2	3	1
徐七	4	2	4	2	4	2	3	1

表 2-6 顶端（横向）是待评价的 8 个岗位，左端（纵向）是评定小组成员，表中的数字是这些评定人认为不同岗位分别落在岗位评级中的等级。

从评定结果可知，不同评定小组成员对不同岗位应落在哪一级有不同的看法。评定小组 5 个人除了对销售经理岗位的评定结果意见比较一致之外，对其他岗位所处的等级有不同的意见。

（3）在得到不同评定小组成员的岗位排序结果后，计算等级的平均值，如表 2-7 所示。

表 2-7 评定小组成员岗位价值评估平均值计算结果

岗位	销售经理	销售专员	人力资源经理	人力资源专员	产品设计经理	产品设计专员	采购经理	采购专员
等级均值	4	1.6	3.4	1.4	3.6	1.8	3.2	1.2
四舍五入后所处等级	4	2	3	1	4	2	3	1

如果按照等级均值的计算结果，可以把8个岗位由高到低排序为销售经理、产品设计经理、人力资源经理、采购经理、产品设计专员、销售专员、人力资源专员、采购专员。

如果按照等级均值计算结果四舍五入后分类，可以把8个岗位分成不同类别，如表2-8所示。

表2-8　8个岗位等级均值计算四舍五入后分类结果

等级	岗位
4	销售经理 产品设计经理
3	人力资源经理 采购经理
2	产品设计专员 销售专员
1	人力资源专员 采购专员

岗位排序法和岗位分类法有很多相似之处，这两种方法都属于定性的岗位价值评估方法，并非定量的岗位价值评估方法。这两种方法都适合比较小型的公司。

岗位排序法和岗位分类法之间的主要差别是：岗位排序法是岗位和岗位之间进行比较，岗位分类法是岗位和特定的级别标准进行比较。岗位分类法比岗位排序法稍难，原因就是岗位分类法多了一个制定标准的过程。

岗位分类法的灵活性比较高，但同时也存在比较大的局限性，主要体现在以下3点。

（1）岗位分类法与岗位排序法一样，只能进行整体的定性评价，难以进行精确评估。

（2）与岗位排序法相比，岗位分类法虽然已经设置了标准，但评价的主观成分仍然较多。

（3）岗位分类法的平均序数同样只能用来判断岗位所处的等级，无法表示出岗位之间的具体差距。

2.3.3 因素比较法

因素比较法是一种相对量化的岗位价值评估方法。因素比较法不关心具体的岗位职责和任职资格，而是把所有岗位的工作内容抽象成若干要素，如可以抽象为智力、技能、责任等要素。然后把各个要素分成多个不同等级，再根据岗位内容把不同要素和不同等级对应起来，最后把每个岗位在各个要素上的得分通过加权得出总分，从而得到总体的岗位价值分。

因素比较法的突出优点是可以根据岗位在各个薪酬因素上得到的评价结果计算出具体的薪酬金额，这样可以更加精确地反映岗位之间的相对价值关系。

因素比较法的适用性比较广泛，尤其适用于特殊岗位较多的公司，或者公司原来没有某个岗位，需要新增岗位，但不知道从内容公平性的角度，应如何给岗位设计薪酬水平。此时可以把这些特殊岗位或新增岗位和基准岗位在不同的薪酬因素维度间做比较。

实施因素比较法可以分成4步。

（1）选择适当的薪酬因素，如智力条件、技能、责任、身体条件、工作环境和劳动条件等因素。一般可以选择5项作为基准因素。

（2）从全部岗位中选出若干个关键岗位，这些岗位所得的劳动报酬应是被大多数人认为公平合理的。将每个关键岗位的每个影响因素分别比较，按程度高低排序。

（3）组成评定小组，对每个岗位的工资总额进行协调，按影响因素分解，找出对应的工资份额。

（4）把没有进行评定的其他岗位与现有已评定完毕的基准岗位对比，按相近条件的岗位分配计算工资。

【举例】

某公司要新增一个特殊岗位——客户服务岗位。其主要工作职责为：联络客户；一旦产品出现质量问题负责客户关系维护；发现技术工艺或生产过程中的问题；改进产品的客户体验；提高客户满意度等。

此时可以采用因素比较法设计岗位的薪酬水平。

（1）选择精神需要、技能需要、责任需要、体能需要和工作环境5项作为该公司支付薪酬的基准因素。

（2）选择公司中公认的薪酬水平较合理的5个关键岗位作为基准岗位。这5个关键基准岗位分别是技术研发员、产品设计员、工艺改进员、质量监控员和生产操作员。5个关键基准岗位当前的薪酬标准如表2-9所示。

表2-9　某公司5个关键基准岗位当前的薪酬标准

项目	技术研发员	产品设计员	工艺改进员	质量监控员	生产操作员
薪酬标准（元/天）	310	300	290	280	260

（3）按照精神需要、技能需要、责任需要、体能需要和工作环境这5项薪酬基准因素，把技术研发员、产品设计员、工艺改进员、质量监控员、生产操作员当前的薪酬标准做拆分，得到的结果如表2-10所示。

表2-10　某公司5个关键基准岗位薪酬标准拆分

项目	技术研发员	产品设计员	工艺改进员	质量监控员	生产操作员
精神需要（元/天）	100	100	80	70	60
技能需要（元/天）	100	90	70	50	30
责任需要（元/天）	70	70	80	90	80
体能需要（元/天）	30	30	40	50	60
工作环境（元/天）	10	10	20	20	30
薪酬标准（元/天）	310	300	290	280	260

薪酬标准拆分时，公司应当成立评定小组，由评定小组讨论后得出最后拆分结果。

将表2-10变换形式，基准因素的价值分别以10元/天为单位，设置0～

100元/天的差值。把基准因素和关键岗位薪酬分解后的对应关系体现在分层关系中，得到结果如表2-11所示。

表2-11 某公司5个关键基准岗位薪酬标准拆分的变换

工资（元/天）	精神需要	技能需要	责任需要	体能需要	工作环境
100	技术研发员 产品设计员	技术研发员			
90		产品设计员	质量监控员		
80	工艺改进员		工艺改进员 生产操作员		
70	质量监控员	工艺改进员	技术研发员 产品设计员		
60	生产操作员			生产操作员	
50		质量监控员		质量监控员	
40				工艺改进员	
30		生产操作员		技术研发员 产品设计员	生产操作员
20					质量监控员 工艺改进员
10					技术研发员 产品设计员

（4）将新增的岗位——客户服务岗位放入表2-11中与5种岗位比较，得出该岗位的薪酬标准如表2-12所示。

表2-12 客户服务岗位的薪酬标准

项目	精神需要	技能需要	责任需要	体能需要	工作环境	合计
工资（元/天）	70	90	80	40	20	300

因素比较法的优点是可以比较准确地确定岗位的相对价值。不过，因素比较法同样具备一定的局限性，主要包括以下3点。

（1）因素比较法在开发初期可能比较复杂，难度比较大。

（2）因素比较法的操作和管理成本比较高。

（3）因素比较法不容易让员工理解，容易被员工怀疑其准确性和公平性。

公司在应用因素比较法时，要特别注意两个问题。

（1）薪酬因素的确定要慎重，一定要选择最能代表岗位间差异的因素。

（2）由于市场上的薪酬水平经常发生变化，所以要及时调整基准岗位的薪酬水平。

2.3.4 要素记点法

要素记点法是选取若干关键性的报酬要素，并且对每个要素的不同水平进行界定，同时给各个水平赋予一定的分值，这个分值也称作"点数"，然后按照这些关键的报酬要素对岗位进行评价，得到每个岗位的总点数，按照这个方法来确定岗位的薪酬水平。

要素记点法是较复杂的岗位价值评估方法。虽然这种方法复杂，但它是目前薪酬设计中运用较广泛的一种岗位价值评估方法，也是一种相对量化的岗位价值评估方法。不考虑特殊情况，大多数管理咨询公司在实施岗位价值评估时，都会采用这种方法。

实施要素记点法可以分成3步。

（1）选取通用的报酬要素，并加以定义。

（2）对每一种报酬要素进行等级界定和权重划分。

（3）运用这些报酬要素来分析和评价每一个岗位。

在确定报酬要素时，如果不知该如何划分，可以从那些在别的公司中广泛使用的要素中选择适合本公司的要素。要素一般选择5～8种，过多和过少都不合适。本公司内的所有岗位应当采用同一套评价要素。

【举例】

某公司要评价销售经理、销售专员、人力资源经理、人力资源专员、产品设计经理、产品设计专员、车间主任、操作工人8个岗位，采用要素记点法做岗位价值评估。

（1）选取岗位评价要素，选择5个报酬要素。

① 知识，指的是完成工作所需要的学历。

② 责任，指的是组织对员工按照预期要求完成工作的依赖程序，强调岗位上的人所承担职责的重要性。

③ 技能，指的是完成某个岗位的工作所必备的技术、培训、能力、经验以及职称等。

④ 努力，指的是对完成某个岗位上的工作所需发挥的体力或脑力程度所进行的衡量。

⑤ 工作条件，指的是在某个岗位上的人所从事工作的伤害性以及工作物理环境。

（2）成立岗位价值评定小组，将公司各岗位评价要素定义成5个等级并进行权重划分，得到的结果如表2-13所示。

表2-13 岗位评价要素定义

报酬要素	等级				
	5	4	3	2	1
知识（25%）	博士	硕士	本科	专科	专科以下
责任（30%）	战略决策权；决策风险大；控制全公司	战术决策权；决策风险较大；控制子公司	行动和计划决策权；决策风险一般	建议性决策权；决策风险较小	无决策权
技能（30%）	专业知识技术能力运用很好；工作资历18年以上	可运用专业知识技术能力；工作资历13～17年	掌握专业知识技术；工作资历8～12年	学过专业知识技术；工作资历3～7年	了解专业知识技术，工作资历3年以下
努力（10%）	任务很复杂，创造性很强，需要独立分析解决问题	任务较复杂，创造性较强，需要协作分析解决问题	任务复杂性一般，创造性一般，需要协助解决问题	任务复杂性较弱，创造性较弱，无须分析解决问题	任务很容易，创造性弱，无须分析解决问题
工作条件（5%）	工作环境很差，具有极大的危险性	工作环境比较差，具有较大的危险性	工作环境一般，具有潜在的危险性	工作环境比较好，一般无危险	工作环境很好

表2-13中包含不同报酬要素的权重划分，不同报酬要素对应等级的具体描述。接下来，要确定每种报酬要素的不同等级所对应的点值。实际在应用要素记

点法时，一般把总点值设置成1,000，然后将各个报酬要素的占比乘以1,000，得出不同报酬要素的总点值。把总点值按等级形成等差数列，运用算术法分配点值后，得到结果如表2-14所示。

表2-14 要素记点法点值量化

报酬要素	等级				
	5	4	3	2	1
知识（250）	250	200	150	100	50
责任（300）	300	240	180	120	60
技能（300）	300	240	180	120	60
努力（100）	100	80	60	40	20
工作条件（50）	50	40	30	20	10

（3）运用要素记点法来分析、评价岗位。评价岗位时也可以像用其他岗位价值评估方法一样，成立评定小组。得出不同类型岗位的点值，如表2-15所示。

表2-15 运用要素记点法得到不同岗位的点值大小

职位名称		知识	责任	技能	努力	工作条件	点值总计
销售经理	等级	4	5	5	5	1	910
	点值	200	300	300	100	10	
销售专员	等级	3	3	3	4	2	610
	点值	150	180	180	80	20	
人力资源经理	等级	4	3	3	3	2	580
	点值	200	180	120	60	20	
人力资源专员	等级	3	2	2	2	2	450
	点值	150	120	120	40	20	
产品设计经理	等级	3	3	2	3	3	540
	点值	150	180	120	60	30	
产品设计专员	等级	2	3	2	2	2	460
	点值	100	180	120	40	20	
车间主任	等级	2	2	3	3	2	480
	点值	100	120	180	60	20	
操作工人	等级	1	1	1	1	1	200
	点值	50	60	60	20	10	

运用要素记点法时，可以把整个公司所有岗位都用这种方法表示出来。在不考虑外部竞争性的情况下，要素记点法得到的点值通常和岗位基本工资直接相关。

上例公司销售经理的点值是910，操作工人的点值是200。那么，在这家公司中，销售经理的基本工资和操作工人的基本工资的比值大约是910∶200。

要素记点法的优点是比较精确、系统、量化，有助于评价人员做出正确的判断，而且也比较容易被员工理解；缺点与因素比较法一样，整个评价过程工作量较大，比因素比较法更复杂。

在运用要素记点法时，要注意以下3点。

（1）要素记点法中的点值是相对值，而不是绝对值。例如某公司采用要素记点法，测评出的结果是采购助理岗位的点值是500，财务专员岗位的点值是450。说明在该公司，采购助理岗位比财务专员岗位对公司更有价值。但这仅代表一家公司的情况，并不适用于别的公司。

（2）要素记点法虽然可以实现定量，但并不是绝对的定量。要素记点法中同样存在定性的因素。在用要素记点法进行岗位价值评估时，还是会有主观判断在其中。即便成立评定小组、引入专家等方式让这种主观性降低，但仍不可能做到绝对定量。

（3）同一家公司运用要素记点法时要使用统一的标准，不能采用不同的标准。同一公司所有岗位的价值评估要采取一个标准。对于不同的公司，因为行业、文化、认识等各类具体情况有所不同，使用的标准也可以不同。

所谓同一家公司，更准确的说法是使用同一套薪酬体系的公司。只要准备用一套薪酬体系覆盖的公司，不论是一家实体公司也好，还是由多家实体公司组成的集团公司也好，在同一套薪酬体系下，适合采用同一套岗位价值评估标准。如果某个集团公司与其下设的事业部或子公司所用的薪酬体系不一样，那么岗位价值评估的标准也可以不同。

2.4 岗位权责利的划分方法

每个岗位都有对应的权限、责任和利益。当这3项达到平衡状态时，是组织岗位设置比较合适的状态。不然，如果某个岗位权限和利益太小，但责任太大，没有人会愿意做这个工作。这时候，岗位上工作的人一定会频繁离职，而且公司很难招聘到新的人才。如果岗位权限和利益很大，但责任很小，那对组织来说是一种浪费。这时候，很多人都想从事这个岗位，在这个岗位上工作的人也会非常稳定。

2.4.1 权责利不对等的问题

公司中经常会出现权责利不对等的情况，权责利不对等很可能引发很多问题。要避免这些问题发生，公司要划分清楚岗位的权责利。

【举例】

我有一位朋友在一家项目型的公司工作，公司的业务签单需要营销、策划、技术等部门通力合作完成。在跨部门协作时，各部门都不想承担项目中的责任，每个项目都需要花费不少的沟通成本，有些时候还需要总经理出面统筹。

针对这种情况，这家公司的总经理制定了责任人制度，对所有的工作任务和流程都确定了责任人。这个想法原本是好的，但实施了一段时间后，发现员工变得斤斤计较起来，工作中一切都以制度中规定的部门职责为准，缺少变通和协作，出现了许多内耗。

为什么会出现这种情况呢？

如果从人性角度解释，可以是人有惰性，都趋向于追求最小能量耗损。所以项目管理中出现消极对待或不合作是常见现象。其实这些现象在管理不到位的公司中很常见。

人性论的解释实际上是站不住脚的，因为任何公司、任何项目、任何需要人与人之间协作完成的工作中都会遇到人性的问题。难道那些管理到位的公司，是因为员工比较高尚吗？非也！人性其实没有本质不同。

那些管理到位的公司，更多是依靠管理手段，避免了人性的负面展示。那些管理不到位的公司，更多是管理能力较差，不知道如何拆解任务，不知道如何分配任务。另外，还有一个非常重要的原因，即公司不能很好地划分岗位的权责利。

当然，世界上也许不存在绝对的权责利对等，因为每个人对权责利对等的感觉是不同的，每个人对公平公正的理解也不一样。但即便如此，公司应当努力尝试做到权责利对等，或者至少让员工感受到公司在尽力做到岗位权责利对等。

2.4.2 发现权责利问题工具

岗位权责利的问题可以提前被查找和发现。

【举例】

我在做咨询项目时，遇到过一家公司销售业绩下滑，销售人员离职很严重的情况。公司总经理很奇怪：自己给销售人员提供的提成比例在同行业中已经比较高了，可为什么还是留不住人呢？我的团队调研了这家公司的销售团队后，发现了销售团队中存在非常明显的权责利不对等的问题。

这家公司销售团队有个规则：销售总监有权降价20%，销售经理有权降价10%，销售业务员有权降价5%。有了这种规则后，出现了什么问题呢？

为了完成业绩，所有销售业务员都去找销售总监，要求给自己的客户降价20%。这时候，当销售业务员完成业绩时，功劳成了谁的呢？成了销售总监的。因为销售总监有权降价，业绩才完成了。当销售业务员业绩完不成时，责任成了谁的呢？还是销售总监的。因为业绩完不成是销售总监不给自己的客户降价，甚至有销售业务员私下说销售总监给另一个销售业务员的客户降价，不给自己的客户降价，所以自己没完成业绩，这反而引发了团队内部矛盾。

案例中这家公司销售团队中一切问题的根源都来自等级权责利不对等。从中也能看出一个道理：谁握着主要权限，谁就要负主要责任。

实际上很多公司都有类似的制度，但不一定有这样的制度，就一定会出现类似的问题。有的公司管理者平时刻意去管好这类问题，会避免这类问题爆发。上例中的公司因为没有关注这个问题，造成了问题爆发。

要发现岗位的权责利问题，可以采用岗位权责利问题查找表，如表2-16所示。

表 2-16 岗位权责利问题查找表

岗位	当前权限	当前责任	当前利益	当前权责利问题							
				权限过大	权限过小	利益过大	利益过小	责任过大	责任过小	责任重叠	责任错位	……

在发现岗位存在的权责利不对等问题后,可以召集公司中相关人员进行专题研讨。运用岗位权责利问题查找表,理清岗位当前的权限、责任、利益以及权责利对比之后的问题。根据当前的权责利问题,经过讨论后,重新划分岗位的权责利。

2.4.3 权责利分配矩阵工具

要划分清楚岗位的权责利,可以用到权责利分配矩阵,如表 2-17 所示。

表 2-17 权责利分配矩阵

项目贡献占比	任务	姓名1	姓名2	姓名3	姓名4	姓名5
	任务1 责任划分					
	任务1 权限划分					
	任务1 利益划分					
	任务2 责任划分					
	任务2 权限划分					
	任务2 利益划分					
	任务3 责权划分					
	任务3 权限划分					
	任务3 利益划分					

权责利分配矩阵的左端（纵向），是具体的工作任务或工作目标，这些工作任务或工作目标最终会指向部门或公司更大的目标。权责利分配矩阵的顶端（横向），是相关部门、相关岗位或相关责任人。对纵向上每一个工作任务或工作目标，横向上的岗位可以有对应的权责利划分。

通过权责利分配矩阵来划分权责利，是以待达成的目的为基础的。这样划分出来的权责利，最终指向具体的任务或目标。在这个矩阵中，不同的部门、岗位或相关责任人在不同任务或目标中的角色，可以有"负责、参与、审批、知悉"等划分，可以按照任务目标，定义获得利益分配的具体比例。

2.4.2小节项目公司总经理的案例中，为什么总经理在规定了责任人制度后，还是做不好项目呢？因为责任人制度只是简单地把很多岗位该负的责任都给了一个人或一个部门，其他岗位或其他部门会感到事不关己。反正在这个任务上，出了问题总经理追的是那个责任人的责任，与自己无关。

因为总经理没有提前划分责任，没有实际明确谁负责多少、如何负责，所以案例中的公司才会出问题，才在项目实施的过程中经常需要总经理出面协调，而且有时候可能会出现总经理都难以协调的局面。

很多人喜欢说"责任一定要落实到人，不落实到人的责任落不了地"，也有很多人喜欢说"如果一件事有一个以上的负责人，等于没有人负责"。这些话在特定场景下没有错，所以很多人在这类话的影响下，像案例中的总经理一样，简单划分责任。如果一件工作前后只需一个人完成，这样划分权责利当然没问题。可现实中有很多工作涉及协作，需要多个部门、多个岗位参与。这时候只设置一个人负全责，不管其他参与人，肯定不行。

在应用权责利分配矩阵时，参考步骤如下。

（1）划分工作项目需要完成的任务，写入权责利分配矩阵的纵向。

（2）划分任务占项目贡献的百分比。

（3）确定需要参与工作项目的人员，写入权责利分配矩阵的横向。

（4）对不同的任务或目标，进行负责、参与、审批、知悉等划分，并确定责任程度百分比。

（5）划分不同的任务或目标中，不同参与人的权限。

（6）根据责任程度百分比，划分收益程度百分比。

权责利分配矩阵的应用如表 2-18 所示。

表 2-18 权责利分配矩阵的应用

项目贡献占比	任务	张三	李四	王五	赵六	徐七
30%	任务1责任划分	负责	参与程度30%	协助程度5%	协助程度5%	协助程度10%
	任务1权限划分	审批	知悉	知悉	知悉	知悉
	任务1利益划分	50%	30%	5%	5%	10%
50%	任务2责任划分	参与程度20%	负责	参与程度20%	协助程度10%	协助程度10%
	任务2权限划分	知悉	审批	知悉	知悉	知悉
	任务2利益划分	20%	40%	20%	10%	10%
20%	任务3责任划分	协助程度5%	协助程度5%	负责	协助程度10%	参与程度20%
	任务3权限划分	知悉	知悉	审批	知悉	知悉
	任务3利益划分	5%	5%	60%	10%	20%

通过权责利分配矩阵的划分，对于一个具体的任务或目标，有主要负责人负责从整体上推进这项任务或目标的实现。但如果这项任务或目标失败，并不是主要负责人负全责，因为任务中还有其他参与的人，他们也有责任。如果任务或目标成功，也不是主要负责人获得全部利益，而是根据项目人员的参与程度，获得利益分配。

每个岗位的参与程度、负责程度和利益分配程度都是匹配的。如果某项任务或目标成功，某个岗位的利益分配程度是10%，那么该岗位在项目中的参与程度就是10%，负责程度也是10%。该任务的成与败，该岗位都有10%的责任。

在任务或目标运行的过程中，负责审批的人一般对这项任务或目标负主要责任。因为过程中的一些审批权限，在一定程度上决定了这项任务或目标的完成质量。

2.4.4 权责利分配应用案例

A 公司采取的是集团公司管控整个集团的技术研发工作，集团公司设有技术研发中心。技术研发中心有接近 40 名技术研发人员。A 公司对技术研发人员采取的是项目制管理，也就是当集团内部某个分公司有产品开发或改进要求时，由研发中心成立项目小组，从当前技术研发人员中挑选项目小组成员参与不同的技术研发项目。

在项目开始的启动会议上，除了项目的基本进度外，A 公司会用到权责利分配矩阵表。A 公司根据项目的分工情况，划分项目任务，随后划分项目任务的负责比例。在项目启动会的最后，A 公司会完成这张表。

对于一项任务，在权责利百分比应如何设置的问题上，A 公司的做法是让参与这项任务的所有人一起讨论决定。

这时候常出现两种情况：一种情况是遇到比较强势、成员比较信服的项目负责人，可以直接分出百分比，参与的人没有异议；另一种情况是大家对项目负责人分出来的百分比持不同意见，或项目负责人不愿意主动给出百分比建议时，可以采取投票的方式，每人提出一个百分比建议，然后取平均值。

这里须注意，HR 应引导业务部门形成内部决策结果，不要大包大揽，不要在项目启动会上主动站出来安排岗位的权责利应是多少，不然很容易引发内部矛盾。人力资源管理虽然属于管理工作，但 HR 不是业务部门领导，对业务的理解也不如业务部门深入，要学会引导业务部门自己说出答案，得到结果。

权责利分配矩阵就像一条高速公路，用好的话，权责利划分就能朝正确的方向走，不然就会出问题。高速公路设置好后，具体怎么走，要给业务部门一定的自由发挥空间。

在 A 公司项目启动会上形成权责利结果后，项目在实际运行过程中难免会有变化。例如原本张三预计将参与 10%，但种种原因导致其实际没参与进来；李四原本以为不需要参与，结果实际参与了，而且还发挥了比较重要的作用。

出现变化是正常现象，不必过分强调变化本身。A公司在项目运行过程中会安排围绕项目进度的阶段性评估会议。在阶段性评估会议上，权责利分配矩阵表是必须拿出来讨论和修改的表。项目组会根据实际情况做出修改。

在项目结束的最后一次会议上，除了对项目做总结和复盘外，权责利分配矩阵表也是必须要讨论确定的项目。项目奖金正是按照项目结束时的权责利分配矩阵表来计算的。A公司技术研发中心员工的基本工资不高，技术团队大部分收入都来自项目收益。

A公司有一半以上的项目是新产品开发项目，是用新产品上市后一年销售额的一定百分比来奖励技术研发团队。新产品从研发成功到最终上市需要1~2年，项目奖励落实也需要1~2年，但技术项目的奖金金额比较大，比较具备激励性和吸引力。

这样安排不仅能激励技术人才，还能有效留住技术人才。因为如果技术人才在项目还没有产生收益时就离职，那项目奖励就拿不到了。因为项目是持续的，就算某项目奖金发完了，其他项目奖励也会对技术人才产生吸引力，让技术人才不愿意离职。

A公司这样设置权责利还有其他好处。很多技术带头人的技术全国领先，但缺乏管理能力。面对这种情况，很多公司的做法是给这类技术人才设置技术岗位发展通道。其实给技术人才设置技术岗位发展通道确实是方法之一，但如果权责利分配到位，同样能解决这个问题。A公司通过项目制分配利益的方式，能给有技术、有能力的人才提供很强的物质激励，而且这里的物质奖励来源于岗位员工做出的成果。

划分清楚权责利往往比设计技术岗位发展通道更优。因为员工一旦达到技术等级，不管其后续有没有为公司创造价值，公司月底都要按照其所在的技术等级发工资。而按照这种权责利分配矩阵，不管其当前的技术等级是什么，公司主要都是为其在团队中的贡献付费。

当公司按照员工的贡献付费，职等职级就不再重要，而且这样做更公平，也更公正。例如很多技术研发项目负责人实际上做的是行政管理工作，主要负责项目的工作推进、内部沟通、人员管理、协调资源等，技术工作参与不多，有时还要兼任很多项目的负责人。

每个项目能否顺利完成，项目中的技术带头人起着至关重要的作用。所以项目中的技术带头人很可能在项目中的责任百分比和收益百分比都比项目负责人高。很可能一个项目最后有一大部分奖金都是技术带头人拿走的，原理就是谁做出的贡献大，谁就拥有主要利益。

权责利分配矩阵除了能用在项目制的团队中之外，能不能用在普通的组织中呢？当然可以。权责利分配矩阵并不是为项目制团队而生的。为了一个目标临时组成的团队，刚开始成员之间没有权责利划分，用权责利分配矩阵划分权责利比较好。而很多公司或部门已经是成熟的组织，看起来没法用权责利分配矩阵，实际上也可以用。当然，应用的前提是负责人要具备引领组织机构变化的权限和能力。

2.5 人力资源供需预测

系统、完善的岗位管理是实施人力资源供需预测的前提。常见的人力资源供需预测方法有7种，分别是马尔可夫矩阵分析、人才优化替换分析、人才成长指数分析、人才引进指数分析、财务成本预算规划、效率趋势分析预测和德尔菲趋势预测法。除了这7种方法之外，还有2种方法是运用角色和能力实施人力资源需求预测，将在下一章内容中体现。

2.5.1 马尔可夫矩阵分析

马尔可夫矩阵分析又叫马尔可夫分析法（Markov Analysis），最早是由数学家安德雷·安德耶维齐·马尔可夫提出的。简单来说，马尔可夫矩阵分析就是根据数据当前的变化情况，来预测数据未来的变化情况。

在人力资源管理中，马尔可夫矩阵分析主要用在人力资源数量变化的预测分析上。马尔可夫矩阵分析主要是通过对人力资源的晋升、降职、离职等数据的现状总结或预测未来，推测分析人力资源数量的变化趋势。

【举例】

某实体零售上市公司人力资源的主要组成是线下实体店的员工。按照员工职级划分，可以分为店长、经理、主管、组长和员工5个类别。该公司预测实体店各职级员工数量变化的马尔可夫矩阵分析如表2-19所示。

表2-19　某公司预测实体店各职级员工数量变化的马尔可夫矩阵分析

职级 年初人数	店长	经理	主管	组长	员工	离职预测 （含淘汰）
店长 600人	留存率82% 留存492人	降职率4% 降职24人	降职率3% 降职18人	降职率1% 降职6人	—	离职率10% 离职60人
经理 1,200人	晋升率10% 晋升120人	留存率82% 留存984人	降职率3% 降职36人	降职率2% 降职24人	降职率1% 降职12人	离职率12% 离职144人
主管 3,600人	晋升率1% 晋升36人	晋升率9% 晋升324人	留存率70% 留存2,520人	降职率4% 降职144人	降职率1% 降职36人	离职率15% 离职540人
组长 7,200人	—	晋升率1% 晋升72人	晋升率9% 晋升648人	留存率70% 留存5,040人	降职率5% 降职360人	离职率15% 离职1,080人
员工 14,400人	—	—	晋升率1% 晋升144人	晋升率9% 晋升1,296人	留存率65% 留存9,360人	离职率25% 离职3,600人
年末情况预测	648人	1,404人	3,366人	6,510人	9,768人	

该公司对实体店员工分析的马尔可夫矩阵分成4个部分。

左端（纵向）部分是年初时，实体店中各职级员工的人数。

右端（纵向）部分是对当年员工离职率和离职人数的预测。这里的离职率包括员工主动离职率和被动离职率（公司淘汰）。

中间部分是各类员工晋升率、降职率，对应的晋升人数和降职人数变化情况的预测，以及考虑离职率之后，对留存率和留存人数的预测。

下端（横向）部分是对年末各职级员工数量情况的预测，其中的每个数字都是纵向上某职级晋升人数、留存人数或降职人数的和。

其中，留存率=100%-晋升率-降职率-离职率。

某职级的晋升人数=该职级年初人数×晋升率。

某职级的降职人数=该职级年初人数×降职率。

某职级的离职人数=该职级年初人数×离职率。

某职级的留存人数＝该职级年初人数 × 留存率。

该公司晋升与降职都存在"跨级"的情况。其中店长职级实际也存在晋升到更高职级的情况，本案例为简化说明，没有体现。读者实际运用马尔可夫矩阵分析时，可以将公司所有职级列在一个马尔可夫矩阵中。

根据马尔可夫矩阵分析中关于不同职级晋升率、降职率、离职率的经验数据，该公司能够预测出年末各职级员工的人数情况。根据公司的发展战略，可以在此基础上进一步判断不同职级的人力资源数量应如何调整。

在用马尔可夫矩阵做人力资源数量预测分析时，常见的时间周期一般为1年，对人力资源数量变化的预测可以延伸得更远。除了1年后的人力资源数量变化情况外，还可以根据需要预测3年后、5年后的人力资源数量情况。但预测的时间跨度越长，准确度越低。

2.5.2 人才优化替换分析

很多公司实行优胜劣汰的用人政策：对于优秀的员工，会采取晋升激励措施；对于较差的员工，会采取降职或淘汰措施。当然，公司的降职或淘汰流程须合法合规。判断员工优秀或较差的标准通常包括员工的绩效、态度和能力。

根据公司当前不同优劣情况的员工呈现出的晋升、留存、降职、淘汰和离职情况，能够预测未来员工的变化趋势，从而判断公司某段时期后对不同类型人才的需求情况。

【举例】

某公司员工职级分成店长、经理、主管、组长和员工5类。该公司每年按照A、B、C、D对员工进行绩效评价。其中绩效评定结果为A类代表最优，绩效评定结果为D类代表最差。根据不同职级人数中年度绩效评定结果的情况，以及该公司往年不同绩效评定结果人才的变化比率情况，对人才优化替换预测分析如表2-20所示。

表 2-20 某公司人才优化替换预测分析

当前职级	类型	年初人数（人）	A类（人）	B类（人）	C类（人）	D类（人）	年末人数（人）	年末人数与年初人数差异（人）
店长	总数	600	60	120	360	60	458	142
	晋升人数	32	20	12	0	0		
	留存人数	394	34	96	272	10		
	降职人数	50	0	0	28	10		
	淘汰人数	60	0	0	24	30		
	离职人数	64	6	12	36	10		
经理	总数	1,200	120	240	720	120	960	240
	晋升人数	64	40	24	0	0		
	留存人数	730	68	192	456	32		
	降职人数	120	0	0	84	30		
	淘汰人数	126	0	0	80	34		
	离职人数	160	12	24	100	24		
主管	总数	3,600	360	720	2,160	360	2,960	640
	晋升人数	180	108	72	0	0		
	留存人数	2,480	216	576	1,600	88		
	降职人数	220	0	0	100	120		
	淘汰人数	240	0	0	160	80		
	离职人数	480	36	72	300	72		
组长	总数	7,200	720	1,440	4,320	720	6,260	940
	晋升人数	360	216	144	0	0		
	留存人数	4,840	432	1,152	3,120	136		
	降职人数	560	0	0	300	260		
	淘汰人数	580	0	0	400	180		
	离职人数	860	72	144	500	144		
员工	总数	14,400	1,440	2,880	8,640	1,440	10,410	3,990
	晋升人数	1,200	800	400	0	0		
	留存人数	9,850	440	2,130	6,940	340		
	降职人数	0	0	0	0	0		
	淘汰人数	1,300	0	0	500	800		
	离职人数	2,050	200	350	1,200	300		

在人才的优化替换方面，该公司对不同职级的员工有5种不同的应对方式，分别是晋升、留存、降职、淘汰和离职。对于绩效较优的员工，该公司会根据员工的能力和态度实施晋升或留存；对于绩效较差的员工，该公司也会根据员工的能力和态度实施降职或淘汰。

表2-20中某个职级的年末人数＝该职级留存人数＋下一职级晋升人数＋上一职级降职人数。

为简化计算，本案例未考虑跳级晋升的情况，也未考虑跳级降职的情况。应用时可以根据公司实际情况操作，如可以将表2-20中的"晋升人数"改为"晋升一级人数""晋升二级人数""晋升三级人数"等；可以将表2-20中的"降职人数"改为"降职一级人数""降职二级人数""降职三级人数"等。

通过表2-20的数据能够看出，在综合考虑晋升、留存、降职、淘汰和离职的情况后，该公司能够根据年初不同职级的人数情况，预测年末人数的情况，得到年末人数与年初人数的差异，从而得到人才需求预测。

2.5.3 人才成长指数分析

人才的成长情况影响着人力资源的供给情况。当公司值得培养的后备人才数量较多，人才培养的成功率较高时，人才培养成功的概率更大。人才的成长情况可以用人才成长指数表示。人才成长指数代表着公司培养人才的能力。

某职级的人才成长指数＝平均每年某职级培养成功的人数 ÷ 该职级年初的人数。

某职级人才成长指数大小，可以简单理解为公司每年为该职级培养人才的能力大小。人才成长指数越大，代表公司每年为该职级培养人才的能力越大；人才成长指数越小，代表公司每年为该职级培养人才的能力越小。当然，用人才成长指数预测培养人数多少时，还要看该职级原有人数的数量。

【举例】

某零售公司人力资源的主要组成是线下实体店的员工。按职级划分，岗位主要的管理职级包含店长、经理、主管、组长4类。该公司每年都会针对不同层级的员工设置一部分待晋升到该层级的培养人才。

不同管理职级的人才成长指数计算如表 2-21 所示。

表 2-21　某公司不同职级人才成长指数计算

职级	年初人数（人）	在培养待晋升到该职级的人数（人）	下一级晋升该职级的培养期（年）	培养成功率	培养成功人数（人）	人才成长指数
店长	600	360	2	20%	72	0.12
经理	1,200	520	2	25%	130	0.11
主管	3,600	1,200	1	30%	360	0.10
组长	7,200	2,600	1	30%	780	0.11

注：本表数据与表 2-20 中数据无联系，所有数据只为演示算法。

表 2-21 中的"下一级晋升该职级的培养期（年）"为人才培养规划需要的数据，并非计算人才成长指数需要的数据。虽然店长和经理的培养期为 2 年，但由于人才培养是滚动运行的，每年都有人才培养成功，每年都有下一批待培养的人才，所以计算人才成长指数时，不需要考虑培养期。但在做人才培养计划和人力资源规划时，需要考虑人才培养期。

表 2-21 中的"在培养待晋升到该职级的人数（人）"并非表格中对应职级中包含的人数，而是从比对应职级更低的职级中选拔出的值得培养到该职级的人数。这类人才在公司中一般被称为后备人才、储备人才、储训人才，也可以称为接班人。

表 2-21 中的"培养成功率"是与"在培养待晋升到该职级的人数（人）"对应的。"培养成功人数（人）"为"培养成功率"与"在培养待晋升到该职级的人数（人）"的乘积。

表 2-21 中的人才成长指数 = 培养成功人数（人）÷ 该职级年初人数（人）。

得到人才成长指数后，就可以据此预测计算该公司未来补充某职级人才的能力。在预测某职级第 2 年、第 3 年的人才数量时，还要考虑该职级人才的晋升率、离职率、淘汰率。人才成长指数分析可以与马尔可夫矩阵分析联系在一起应用。

2.5.4　人才引进指数分析

人才成长的主要功能是从内部为公司提供人力资源，人才引进的主要功能则是能够从外部为公司提供人力资源。虽然内部人力资源供给渠道非常重要，但对于很多公司来说，外部人力资源的供给同样非常重要。

人才引进指数正是进行人力资源供给情况分析的重要指标。人才引进指数代表着公司引进某类人才的能力，通过对人才引进指数的计算，能够预测公司未来一段时间人才引进的数量情况。

人才引进指数 = 实际引进的人才数量 ÷ 期望引进的人才数量。

与人才成长指数的计算方式不同的是，人才成长指数与当前人才数量相关，而人才引进指数与当前人才数量无关，与期望引进的人才数量相关。

【举例】

某零售公司人力资源的主要组成是线下实体店的员工。该公司主要招聘的岗位有店长、经理、主管、组长、员工5类。该公司对人才引进指数的计算及明年招聘需求预测和招聘人数预测如表2-22所示。

表2-22 某公司对人才引进指数的计算及明年招聘需求预测和招聘人数预测

职务	年初人数（人）	当年招聘需求（人）	当年招聘人数（人）	人才引进指数	明年招聘需求预测（人）	明年招聘人数预测（人）
店长	600	108	70	0.65	150	98
经理	1,200	250	180	0.72	400	288
主管	3,600	700	500	0.71	900	639
组长	7,200	1,200	800	0.67	1,500	1,005
员工	14,400	3,000	2,100	0.70	4,000	2,800

表2-22中，人才引进指数 = 当年招聘人数 ÷ 当年招聘需求。

明年招聘人数预测 = 明年招聘需求预测 × 人才引进指数。

其中，明年招聘需求预测是该公司根据明年的战略规划预测的人数。

在应用人才引进指数时需注意，影响外部人才引进效率的因素比影响内部人才成长效率的因素更多，人才的外部引进效率不仅与公司的人力资源管理能力有关，还与公司岗位对外部人才的吸引力有关，与外部市场的人才供给情况有关，与公司从事人才引进人员的数量与质量等有关。

人才引进指数分析和人才成长指数分析的计算方法中都暗含着一种假设，就是公司引进人才、培养人才的能力和效率是固定的。在内外部情况变化比较小的公司当中，用这种计算方式来做人才供给的预估是成立的。但是在内外部情况变化比较大的公司中，需要综合考虑公司内外部情况变化后，进行详细分析。

2.5.5 财务成本预算规划

对于财务管控型的公司，可以根据财务预算中的人力费用预算，以及人均人力费用，计算可以达到的人力资源最大数量。这种计算方式既可以以公司为单位整体计算，也可以以部门为单位分部门计算。

最大人数 = 年度预算人力费用 ÷ 年化人均人力费用。

【举例】

某生产制造业集团公司有10家子公司，该集团公司对子公司实施财务管控。集团公司财务中心在11月份前根据公司整体的战略方向和业务导向，制定下一年的财务预算管理目标，其中包含对各部门人力费用的预算。

该集团公司对A子公司的人力费用预算与人力资源需求测算如表2-23所示。

表2-23 某集团公司对A子公司人力费用预算与人力资源需求测算

部门	预算下一年人力费用（元）	该部门年化人均人力费用（元）	下一年预计最大人数（人）	当前人数（人）	下一年需求人数（人）
生产管理部	14,344,600	70,000	205	180	25
技术工艺部	3,618,400	150,000	24	18	6
设备管理部	865,600	80,000	11	8	3
采购管理部	382,700	90,000	4	4	0
销售管理部	1,631,800	120,000	14	12	2
财务管理部	247,500	80,000	3	3	0
行政人事部	247,500	80,000	3	3	0

表2-23中，下一年预计最大人数 = 预算下一年人力费用 ÷ 该部门年化人均人力费用。

根据不同部门预算下一年人力费用与该部门年化人均人力费用，就能够计算出该公司下一年预计可以招聘的最大人数。根据当前人数的情况，可以计算下一年的需求人数。

须注意，按照财务成本预算计算出的下一年需求人数并非实际需要招聘的人数，而是按照预算计算出的可以招聘的最大人数。如果子公司运用当前人数能够满足战略需求，可以选择不实施招聘。所以在运用财务成本预算计算人力资源需求时，还需要根据实际情况判断人力资源需求，不能只采信财务数据的计算结果。

通过财务成本预算规划计算人力资源需求的逻辑本质上是财务管理的逻辑，这种计算方法有助于从财务管理的角度管控人力成本，不容易出现人力资源过量使用问题。上市公司的业绩压力比非上市公司更大，对财务结果的敏感度更高，所以财务成本预算规划常见于很多上市公司。

按照财务成本预算计算需求人数的方法具有如下优点。
（1）计算原理较简单，数据获取相对较容易。
（2）既可以整体测算，又可以分部门测算。

按照财务成本预算计算需求人数的方法也存在一些缺点，具体如下。
（1）对财务预算管理水平较低的公司来说，并不适用。
（2）计算结果仅供参考，不能直接用于人力资源需求判断。

2.5.6 效率趋势分析预测

劳动效率同样可以用来计算人力资源需求情况。

劳动效率 = 销售额 ÷ 人数。

效率趋势分析预测人力资源需求数量就是根据当前劳动效率的情况以及劳动效率的变化趋势或目标设定，通过设定销售预算或目标，计算出人力资源的人数需求或人数需求的范围。

【举例】

某集团公司拥有 5 家子公司，该集团公司通过劳动效率计算 5 家子公司的人力资源数量情况。根据当前 5 家子公司的劳动效率情况和目标劳动效率情况，得到 5 家子公司的人数范围如表 2-24 所示。

表 2-24 某集团公司用劳动效率计算 5 家子公司的人数范围

子公司	预算销售额（万元/月）	当前劳动效率[万元/（人·月）]	按当前劳动效率计算人数（人）	目标劳动效率[万元/（人·月）]	按目标劳动效率计算人数（人）	人数范围（人）
A	480	8.5	56	9.2	52	52～56
B	600	7.4	81	8.6	70	70～81
C	800	9.6	83	10.4	77	77～83
D	900	7.9	114	8.8	102	102～114
E	1,000	6.8	147	7.4	135	135～147

表 2-24 中，当前劳动效率是子公司根据去年的销售额和人数计算的劳动效率。目标劳动效率是子公司制定的劳动效率目标，是劳动效率提升的方向。子公司的人数范围是根据预算销售额，按照当前劳动效率和目标劳动效率计算出的人数范围。子公司的人力资源总数可以落在这个人数范围内。

在应用效率趋势分析预测人力资源需求时，要用到劳动效率。此时需要注意口语上说的营业额和销售额有时是指一个意思，但其实它们含义不同。严格说，营业额的概念大于销售额。例如，某公司主营业务为汽车销售，那么销售额就是这家公司卖汽车得到的销售收入。但这个公司还拥有商业房产，房产出租产生了租金收入。租金收入属于营业额，但不属于销售额。

在计算劳动效率的时候，一般应用销售额比营业额更多。因为销售额代表着主营业务中的一群人一起经营一件事，最后得到的成绩。而营业额当中包括很多非主营业务、非经常性损益，也包括很多资产或资本带来的收益，这些收益不完全由劳动创造，或者说和公司中大多数员工从事的经营活动关系不大。

通过效率趋势分析预测人力资源需求比较适合应用在对用人数量比较敏感、对人数控制比较苛刻、追求效率不断提升的公司。

2.5.7 德尔菲趋势预测法

德尔菲趋势预测法也叫德尔菲法（Delphi Method）或专家调查法，这种方法最早是在 1946 年由美国兰德公司（RAND）采用的。德尔菲趋势预测法的本质是根据多轮的专家访谈、归纳、总结、反馈达成一致意见，从而预测趋势。这种方法不仅可以用在人力资源管理方面，在军事、教育、医疗等领域运用也比较广泛。

早期在不同领域运用的德尔菲趋势预测法中的专家是匿名的，专家在达成统一意见之前彼此不得相互交流，其他专家的意见会被反馈至各个专家，各专家参考其他专家的意见、理由和数据，再次思考和提出自己的意见。这样做的好处是能够消除专家权威性带来的意见影响。后来的德尔菲趋势预测法逐渐转变为让专家们面对面讨论和信息互通。

在人力资源需求预测方面，德尔菲趋势预测法的通用流程如图2-1所示。

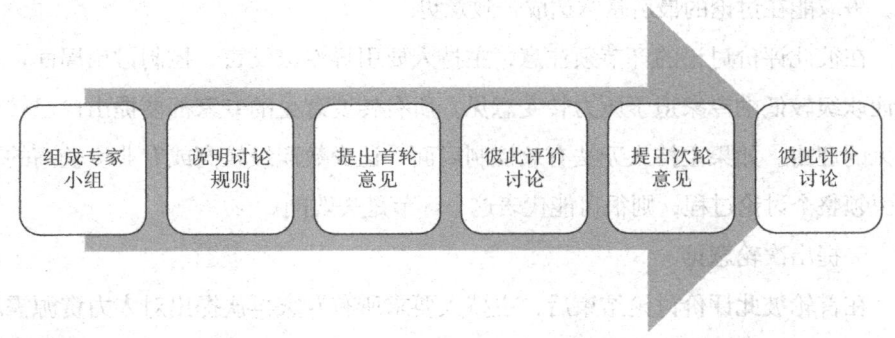

图2-1 德尔菲趋势预测法的通用流程

1. 组成专家小组

对某类人力资源需求预测，需要找到相关专家，组成专家小组。专家小组的组成至少应包括具有决策权的管理者（如公司负责人）、人力资源专家（如人力资源部门负责人）、业务专家（如业务部门负责人）、财务专家（如财务部门负责人）、技术专家（如技术部门负责人）。必要时，也可以选择外部专家。专家小组的基本配置代表着不同角度对人力资源需求的意见。

2. 说明讨论规则

召开专家会议，主持人提前说明发言和讨论规则。所有专家应根据自己掌握的信息提出对人力资源需求的意见。在一位专家提出意见后，其他专家不得发表任何反对意见，但可以针对该意见补充提问，以获得更多信息。专家的发言顺序应是职级由低到高依次发言，具有决策权的管理者应最后发言。

3. 提出首轮意见

每位专家根据讨论规则，分别提出自己对人力资源需求的具体意见。专家提出意见时，不能仅说明个人意见，要说明个人意见背后的原因，所有意见要有数据或事实支撑。意见要明确，要包含具体的数字，要包含对现况的分析，不能模棱两可，不能随大流。

4. 彼此评价讨论

在所有专家提出意见后，进入讨论环节，所有专家依次发言，讨论彼此的不同意见，找到不同意见产生的原因，澄清各自意见的内涵，并提供相应的数据支持，争取能在讨论的最后基本达成一致意见。

在彼此评价讨论的环节须注意，主持人要引导专家发言，控制讨论局面，不能让职级较低的专家迫于压力转变意见。所有转变意见的专家都要提出自己转变意见的理由。如果主持人无法有效控制局面，让少数职级较高或专业度较高的专家引领整个讨论过程，则很可能代表这个环节是失败的。

5. 提出次轮意见

在首轮彼此评价讨论结束后，主持人要求所有专家再次提出对人力资源需求的意见。提出次轮意见的流程参照提出首轮意见的流程。在一位专家提出意见后，其他专家不得发表任何反对意见，但可以针对该意见补充提问。专家的发言顺序应是职级由低到高依次发言。

6. 彼此评价讨论

在提出次轮意见后，主持人观察所有专家的意见是否趋于一致。如果专家意见不一致，则参照提出首轮意见后的彼此评价讨论环节再次开展次轮的彼此评价讨论，各位专家针对不同意见继续讨论。

在次轮彼此评价讨论的环节，如果最终仍然没有达成一致意见，则可以继续开展第3轮、第4轮，乃至更多轮的提出意见和彼此评价讨论。如果最终达成一致意见，则可以宣布结束。

2.5.8 某公司岗位编制计算案例

某大型零售业上市公司的主营业务是线下综合超市。该公司文化特别强调结果导向和绩效导向,强调公司全员都要有业绩目标意识。

该公司对门店人员配置的计算,主要采取的是劳动效率法,也就是根据门店的销售预算额和劳动效率预算计算配置人数,如表 2-25 所示。

表 2-25 某公司门店人数配置计算过程

门店名称	×
销售面积(平方米)	1,524
平效目标(元/平方米)	1,129
年销售预算额(万元)	2,064.72
月销售预算额(万元)	172.06
月劳动效率预算额(万元/人)	4.47
标准配置人数(月销售预算额÷月劳动效率预算额)	38
开业配置人数(按标准人数的 1.5 倍)	57

在该公司,当门店稳定运营一年后,将会进入"可比店"的行列,意思是这类店可以有去年同期的经营数据,可以开始做同比比较。当门店进入可比店行列之后,相同类型的可比店之间要对劳效、平效和人力费用率实施分析比较。

该公司每月对劳效、平效和人力费用率的比较分析如表 2-26 所示。

表 2-26 某公司每月对劳效、平效和人力费用率的比较分析

业态分组(数字指面积,单位:(平方米))	标杆月劳效[万元/(人·月)]	平均月劳效[万元/(人·月)]	淘汰月劳效[万元/(人·月)]	标杆月平效[元/(月·平方米)]	平均月平效[元/(月·平方米)]	淘汰月平效[元/(月·平方米)]	标杆人力费用率	平均人力费用率	淘汰人力费用率
购物广场 7000 以上	8.76	5.74	3.82	1,615	968	610	3.92%	5.65%	8.17%
标准大卖场 4500~7000	8.3	6.08	4.52	2,097	1,288	802	3.71%	5.08%	6.18%
浓缩大卖场 3500~4500	5.75	5.1	4.01	1,248	1,062	635	5.68%	6.09%	7.10%

续表

业态分组（数字指面积，单位：（平方米）	标杆月劳效[万元/(人·月)]	平均月劳效[万元/(人·月)]	淘汰月劳效[万元/(人·月)]	标杆月平效[元/(月·平方米)]	平均月平效[元/(月·平方米)]	淘汰月平效[元/(月·平方米)]	标杆人力费用率	平均人力费用率	淘汰人力费用率
迷你大卖场 2500～3500	5.62	4.81	3.98	1,401	1,063	775	5.79%	6.53%	7.67%
综超一 A 1,200～2,500	5.06	4.37	3.17	1,822	1,243	806	6.48%	7.35%	9.25%
综超一 B 600～1,200	4.39	3.68	2.99	1,612	1,176	832	7.48%	8.66%	10.41%
综超一 C 600以下	4.56	4.04	3.39	2,425	1,680	1,149	7.36%	8.15%	9.43%
综超二 A 1,000～1,500	6.02	5	4.3	1,531	1,281	1,047	5.27%	6.12%	6.91%
综超二 B 500～1,000	5.29	4.48	3.75	1,747	1,366	1,020	5.97%	6.88%	7.82%
综超二 C 500以下	5.15	4.34	3.67	2,056	1,463	1,033	6.39%	7.45%	8.73%

劳效（人均劳效）= 销售额 ÷ 人数。

劳效代表了平均每个人在某段时间之内产生的销售额，是员工创造价值的体现。劳效根据时间周期不同，分成月劳效、季劳效和年劳效，一般常用的是月劳效。

平效 = 销售额 ÷ 平方米数。

平效代表了平均每平方米卖场在某段时间内产生的销售额，是卖场空间运用效率的体现。平效也可以根据时间周期不同，分成月平效、季平效和年平效，一般常用的是月平效。

人力费用率 =（人力费用额 ÷ 销售额）×100%。

人力费用率代表了产生相同销售额的情况下，需要花费的人力费用，是人力成本使用效率比较直接的体现。人力费用率同样可以根据时间周期划分。

人力费用率是比率指标，按照时间周期划分时，数值之间的差异往往不大。比如月人力费用率和年人力费用率在经营状况不发生较大变化的情况下，往往差异很小。劳效和平效是数额指标，按照时间周期划分时，具有时间段越长，数值越大，时间段越短，数值越小的特点。比如月劳效和年劳效相比，在经营状况不发生较大变化的情况下，年劳效一般是月劳效的12倍左右。

该公司对劳效、平效和人力费用率设置了标杆值、平均值和淘汰值3类数值。这3类数值的关系如图2-2所示。

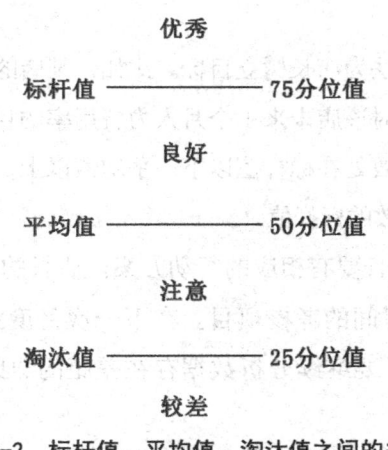

图2-2 标杆值、平均值、淘汰值之间的关系

标杆值对应着同类数据中的75分位值，是数据中的较优值，指的是比75%的数据更佳。当门店的数据优于标杆值时，代表这类门店在该数据上的表现是"优秀"。

平均值对应着同类数据中的50分位值，是数据中的中位值，指的是比50%的数据更佳。当门店的数据比标杆值差，但比平均值优秀的时候，代表这类门店在该数据上的表现是"良好"。

淘汰值对应着同类数据中的25分位值，是数据中的较差值，指的是比25%的数据更佳。换句话说，就是有75%的数据都比这个数据更优。当门店的数据比平均值更差，比淘汰值优秀的时候，代表这类门店在该数据上的表现是"注意"。

当门店的数据比淘汰值更差的时候，代表这类门店在该数据上的表现是"较差"。

注意，这里数据的优秀或较差并不仅仅指数值的大小。劳效数据和平效数据的数值越大越好，人力费用率数据的数值越小越好。该公司除了比较劳效、平效和人力费用率之外，有时候还会比较人均看摊面积，就是平均每个人需要照看的卖场面积。人均看摊面积数据的数值也是越大越好。

该公司有了劳效、平效和人力费用率等人力资源管理相关指标在不同类型门店中的标杆值、平均值和淘汰值之后，根据门店当前不同数据指标的属性，划分门店当前处在"优秀""良好""注意""较差"中的某一类。在每月所有店长都要参加的月度业绩回顾会上，要求店长进行自我分析，分析数据较差的原因。

同时也可以借此方法为店长树立目标。比如，某店的人力费用率处在平均值以下，淘汰值以上，这时该店未来1个月人力费用率的目标，就是达到人力费用率的平均值；某店的劳效处在标杆值以下，平均值以上，这时该店未来1个月劳效的目标，就是达到劳效的标杆值。

有了目标之后，店长要有相应的行动方案。店长的目标和行动方案同时会作为对店长未来一段时间的考核项目。在下一次月度业绩回顾会上，对各类数据比较落后的店长，要继续分析数据存在差距的原因以及行动方案的落实情况。

通过这种人员配置的比较分析进步模式，不仅能让目标的数值具体明确，做到人人头上有目标，而且能让目标值不断变化、门店不断进步，做到后进追先进；不仅能够帮助同类门店做比较，分析差距，同时也能建立一种"比学赶超"的氛围，让各门店的劳效、平效和人力费用率等数据不断改善，真正实现通过数据分析，提升人力资源管理效能。

2.5.9　某公司岗位价值评估案例

某大型生产制造业上市公司将所有岗位按知识和技能要求、岗位贡献和影响力、岗位责任和独立性、岗位监督职责和管理幅度、岗位沟通需要、岗位解决问题的复杂性和创新性、岗位工作环境 7 个要素，采用要素记点法对岗位价值进行评估。具体评判方法如下。

1. 岗位知识和技能要求

岗位知识和技能要求是衡量任职者能够胜任该岗位需要具备的知识、技能和经验的水平，同时包含任职者获得这些知识技能所需要对应的教育水平，对应数据如表 2-27 所示。

表 2-27　岗位知识和技能要求对照表　　　　　　　　单位：分

教育水平	知识技能						
	初学者	能够掌握并应用	掌握基本知识	熟练掌握知识	掌握原理	熟悉原理并能指导	解决问题的专家
	无经验，常人 1 周内可掌握岗位工作要求	需要 1 周到 3 个月的培训或经验可掌握工作要求	需要掌握并能够简单应用单一专业领域的知识	需要应用几个专业领域的知识并能够熟练应用某一个专业领域的知识	除应用外，还掌握该专业领域的原理，能够完成复杂、多样的工作，具备一定开发能力	熟练掌握一个或几个专业领域更深层的原理和方法，能够解决问题并传授指导他人	拥有某一个或几个领域最前沿的知识技能、策略或方法，在国内或国际有一定声誉
高中以下	10	20	30	50	60	80	100
中专	20	30	50	60	80	100	120
专科	30	40	60	80	100	120	140
本科	50	60	80	100	120	140	160
硕士研究生	60	80	100	120	140	160	180
博士研究生	80	100	120	140	160	180	200

需要注意：任职者的情况不等于岗位需要。评估时应考虑岗位的需要而不是任职者个人的实际情况。

2. 岗位贡献和影响力

岗位贡献和影响力是评估该岗位的输出对组织的贡献度和影响力的水平，是从岗位对组织的影响程度和贡献程度 2 个维度确定评分，对应数据如表 2-28 所示。

表 2-28 岗位贡献和影响力对照表　　　　　　　　　　　　单位：分

贡献程度	影响程度				
	对组织整体运行只有很小的影响	能够影响3项以内工作的正常运转	能够影响部门整体绩效	能够影响其他部门绩效	能够影响组织整体绩效
支持型作用	10	20	40	60	80
间接影响组织绩效	20	40	60	80	100
直接影响组织绩效	40	60	80	100	120
对组织绩效有直接深远的影响	60	80	100	120	150

3. 岗位责任和独立性

岗位责任和独立性是考察岗位需要承担工作的受控程度和承担责任的水平，是从岗位承担责任和完成工作的独立性2个维度确定评分，具体数据如表2-29所示。

表 2-29 岗位责任和独立性对照表　　　　　　　　　　　　单位：分

独立性	承担责任					
	简单重复性劳动	承担某项工作的责任	承担整个部门的责任	承担某个职能或业务领域的责任	承担多个职能或业务领域的责任	承担一个业务单元或战略机构的责任	承担多个业务单元或战略机构的责任
任务明确，随时受上级指挥	10	20	40	60	80	100	120
在一定职责范围内开展工作，受程序监控	20	40	60	80	100	120	140
在职能或制度框架下工作，独立分析和判断	40	60	80	100	120	140	160
在组织战略目标指导下开展工作，受总裁控制	60	80	100	120	140	160	180
根据董事会的决议和目标开展工作，由集团董事会控制	80	100	120	140	160	180	200

需要注意：工作中接触到某类职能，不等于从事该职能；从事某类职能，也不等于需要为这类职能负责。

4. 岗位监督职责和管理幅度

岗位监督职责和管理幅度是衡量岗位对于监督和管理下属员工需要付出的责任，是从岗位的监督职责和管理幅度 2 个维度确定评分，具体数据如表 2-30 所示。

表 2-30　岗位监督职责和管理幅度对照表　　　　　　　　　　　单位：分

管理幅度（人）	监督职责					
	不需要监督或管理他人	负责监督和检查别人的工作	需要计划、监控、检查和管理他人的工作	管理基层管理者，管理一个或多个职能	管理中层管理者，管理一个业务单元或战略机构	全面管理多个业务单元或战略机构
0	10	20	40	60	80	100
1～5	20	30	50	70	90	110
6～15	30	40	60	80	100	120
16～25	40	50	70	90	110	130
26～50	50	60	80	100	120	140
50～100	60	80	100	120	140	160
100～300	80	100	120	140	160	180
300 以上	100	120	140	160	180	200

注：表中管理幅度包括所有的直接下级和间接下级。

5. 岗位沟通需要

岗位沟通的需要是评估岗位任职者如果胜任工作，需要与他人沟通的方式、程度、层次，可以从岗位的沟通目的、沟通频率和沟通范围 3 个维度确定评分，具体数据如表 2-31 所示。

表 2-31　岗位沟通需要对照表　　　　　　　　　　　　　　　单位：分

沟通频率	沟通目的和沟通范围					
	一般常规礼节性的要求，沟通的目的是传达或获取信息		沟通的目的是影响他人，寻求他人做出某类行为或寻求合作，比如销售行为、采购谈判		对组织发展有深远影响的领导沟通过程以及谈判与决策	
	组织内部	组织外部	组织内部	组织外部	组织内部	组织外部
需要定期的、少量的、难度较低的沟通	10	30	40	60	80	100
需要定期或不定期地进行有一定难度的沟通	20	40	50	70	90	110
需要长期的、广泛的、深入的沟通	30	50	60	80	100	120

6.岗位解决问题的复杂性和创新性

岗位解决问题的复杂性和创新性是考察岗位要求任职者在开展工作时将会面临问题的数量、多样性和复杂程度，以及分析和解决问题的困难程度和对艺术性和创新性的要求，具体数据如表 2-32 所示。

表 2-32　岗位解决问题的复杂性和创新性对照表　　　　　　　　单位：分

创新性	复杂性				
	工作内容单一，变化性很少	完成任务需要基于知识和经验做简单的判断，问题具备一定的规律性	完成任务需要做分析、推理或较复杂的判断，无直接现成做法可参考	问题较为复杂，需要广泛、细致的数据和调查分析	问题独特而复杂，公司内外部都无先例，需要大量的信息和复杂的调研做决策
不需任何创新	10	20	30	60	100
需要一般改进	20	30	50	80	120
改进技术或流程	40	50	70	100	140
创造新的技术、流程、方法，影响组织局部	60	70	90	120	160
创立新的、复杂的技术、流程或方法，对组织产生广泛影响	80	90	110	140	180
创立前所未有的新发明、新流程、新方法，对组织乃至整个产业产生深远影响	100	110	130	160	200

需要注意：复杂性问题通常会随着岗位负责的范围和规模的增加而增加，但创新性的问题却不一定。

7. 岗位工作环境

岗位工作环境是评估岗位的工作环境对任职者身体或心理所造成的影响的程度，从环境危害、出差频率、加班频率3个维度确定评分，具体数据如表2-33所示。

表2-33 岗位工作环境对照表　　　　　　　　　　　　　　　　单位：分

加班频率	出差频率和环境危害								
	每月出差不超过3天			每月出差3~10天			每月出差10天以上		
	无危害	中等危害	严重危害	无危害	中等危害	严重危害	无危害	中等危害	严重危害
平均每天不足1小时	10	20	30	20	30	40	30	40	50
平均每天大于1小时不足2小时	20	30	40	30	40	50	40	50	60
平均每天大于2小时	30	40	50	40	50	60	50	60	70

8. 岗位评估计分

对于某一岗位来说，将7项要素评分整理后，形成统计结果，记录在表2-34中。

表2-34 岗位评估表

所属公司		所属部门	
岗位名称		岗位编号	
岗位评估结果			
要素	子要素	对应情况描述	对应分值
1. 岗位知识和技能要求	知识技能		
	教育水平		
2. 岗位贡献和影响力	影响程度		
	贡献程度		
3. 岗位责任和独立性	承担责任		
	独立性		

续表

所属公司		所属部门	
岗位名称		岗位编号	
岗位评估结果			
要素	子要素	对应情况描述	对应分值
4.岗位监督职责和管理幅度	监督职责		
	管理幅度		
5.岗位沟通需要	沟通目的		
	沟通范围		
	沟通频率		
6.岗位解决问题的复杂性和创新性	复杂性		
	创造性		
7.岗位工作环境	出差频率		
	环境危害		
	加班频率		

将岗位各项要素分数整理后，可以得到岗位评估汇总表，用于各岗位间及各要素间的比较，如表2-35所示。

表2-35 岗位评估汇总表

序号	岗位编号	岗位名称	1.岗位知识和技能要求得分	2.岗位贡献和影响力得分	3.岗位责任和独立性得分	4.岗位监督职责和管理幅度得分	5.岗位沟通需要得分	6.岗位解决问题的复杂性和创新性得分	7.岗位工作环境得分	总得分
1										
2										
3										
4										

通过横向和纵向的分数比较，可以审视和检查评估的过程和结果。

2.5.10 典型误区：函数回归法与趋势外推法

在实战中计算人力资源数量变化趋势和人力资源供需情况时，有个比较典型的误区，就是通过函数回归法或趋势外推法计算人力资源变化情况。如果只研究"纸面人力资源管理"，函数回归法或趋势外推法也许具备一定的可取之处，但现实中经济环境复杂多变,函数回归法或趋势外推法在实战人力资源管理中往往并不适用。

函数回归法与趋势外推法都是试图通过公司在不同年份的人数情况,判断公司在未来某年份的人数情况,其初始数据如表2-36所示。

表2-36 函数回归法与趋势外推法的初始数据

年份	20×1	20×2	20×3	20×4	20×5	20×6	20×7	20×8	20×9
X(第N年)	1	2	3	4	5	6	7	8	9
Y(人数)	8,500	8,700	9,000	10,000	11,000	12,000	13,500	14,000	15,000

"纸面人力资源管理"采用函数回归法与趋势外推法的原理,都是通过以往年份的人力资源数量变化情况,通过函数拟合模拟测算,试图寻找人力资源数量与年份之间存在的某种函数关系,从而判断未来人力资源的数量变化趋势或人力资源的需求情况。

常见函数回归法与趋势外推法用到的函数类型如表2-37所示。

表2-37 常见函数回归法与趋势外推法用到的函数类型

序号	函数类型	函数模型
1	一次函数	$y=ax+b$
2	二次函数	$y=ax^2+bx+c$
3	三次函数	$y=ax^3+bx^2+cx+d$
4	幂指数函数	$y=ax^b+c$
5	复合函数	$y=ab^x+c$
6	对数函数	$y=a\ln(x)+b$
7	双曲线函数	$y=a/x+b$
8	S曲线函数	$y=e^{(a/x+b)}+c$
9	生长模型函数	$y=e^{(ax+b)}+c$
10	指数函数	$y=ae^{bx}+c$

注:表2-37中y为总人数,x为时间(通常用第N年表示),a、b、c分别为拟合函数的变量值。

实践证明,像函数回归法或趋势外推法这类尝试通过某种函数公式测算人力资源数量变化趋势的方法是不管用的。这种方法在公司外部经济环境稳定，内部发展状况稳定的情况下也许是成立的。但现实中几乎不存在这种状况，真实情况是外部经济环境变幻莫测，公司发展的不确定性越来越大。

　　函数回归法或趋势外推法的问题主要出在这 2 种方法的底层逻辑上。这 2 种方法的底层逻辑是寻找人力资源数量与年份之间的变化关系，而不论数字呈现出的结果如何，这二者之间显然并不存在逻辑上的相关关系，更不存在因果关系。

第 3 章

能力管理基础

在人力资源管理实战中，有个与岗位管理同等重要，且拥有相同基础地位的管理模块——能力管理。能力管理实际上属于岗位管理的延伸，其核心是对岗位胜任力的管理。岗位胜任力是岗位需要的素质、知识、能力和经验的总和，是做好工作必备的基本条件。

3.1 岗位胜任力模型基本认识

胜任力（Competency）的概念最早是由哈佛大学心理学教授戴维·麦克莱兰（DavidMcClelland）于1973年正式提出的。麦克莱兰教授也是人力资源管理基础理论工具——"冰山模型"的提出者。随着胜任力概念的提出，麦克莱兰教授提出了胜任力模型（Competence Model）的概念。

最早的岗位胜任力模型是为了研究和区分卓越绩效者与普通员工的差异，包括形象、认知、动机、特质、态度、价值观、知识、技能等维度的测量和区分。后来随着胜任力模型在实战中的应用发展，逐渐衍生出多种应用。

3.1.1 是非观与维度观

有一次，我参加一个培训活动，参训学员大部分是公司老板。培训最后一天下午有培训师和学员互动问答环节。

培训师抛出的问题是："在公司经营管理方面，目前你最困惑的问题是什么？"

参训学员中有一对夫妻，他们是开连锁店的，现在已经有几十家分店。站起来提问的是老板娘，45岁左右，短发配着淡妆，外表精明干练，说话很朴实。

她说公司已经积累了大量资金和技术，具备拓展市场的实力。可他们当前最大的问题是精力有限，找不到优秀人才帮他们管好这些分店的经营。她说人才的薪水不是问题，只要人好，钱可以谈。

因为这是人力资源管理方面的问题，培训师看到我在场，就把这个问题抛给了作为学员在听课的我。

我问这位老板娘："请问你需要的优秀人才，具体是什么样的人呢？"

她想了想，说："要有能力、有水平的人！"

我问她："请问具体是什么样的能力？多高的水平呢？"

她说："那我得具体看见人以后再定。"

我又问："如果HR给你找来一位人才，他做过跨国连锁集团的CEO，有30年的工作经验，上一任服务的公司一年销售额有几千亿元体量，有几万家连锁店。他要求年薪是税后一千万元人民币。这样的人才，能力和水平够不够？"

她说："什么？年薪一千万元人民币？我公司一年的净利润还不到一千万元人民币呢！这种人才要求太高了，我们肯定用不起啊！"

我接着问："那如果HR又找来一位人才，高中毕业，曾经自己开过一家社区小商店，店开了3年就关了，现在特别想找个地方上班。他薪酬要求不高，每月税后5,000元就可以。这样的人才怎么样？"

她说："自己的店都能开黄了，可见能力不足，我哪敢用他来管我的店啊。而且要的工资不多，可见他对自己的定位也不高。"

我说："看来你心里对需要什么样的人才是有一个框架的。那么，那个框架具体是什么，你能总结一下吗？"

她笑了笑，说："我明白了。"

上例中的这位老板娘对人才的理解和认识，折射出一大批人力资源管理能力和理念比较弱的公司负责人和用人部门管理者对人才的认识。很多人对待人才的态度普遍是一种简单的"是非观"。

什么叫是非观？抱着是非观来看待人才，就是看待某个人才，要么觉得好，要么觉得不好，可是究竟哪里好、哪里不好，说不清楚。

事实上，对简单、客观、明确的事件，用"是非观"来判断也许是可以的，可如果是对人的评价，用"是非观"来判断很可能会出问题。尤其是专业的人力资源管理工作者，用是非观来评价人才就很不专业。

很多人把判断过程与决策结论混为一谈，以为决策就是判断，或者用决策来代替判断，这就造成了很多人在识人、用人方面常出问题。

那么，专业的 HR 应该如何评判人才呢？专业的 HR 评判人才应该用"维度观"。

什么叫维度观？就是当人们评判人才时，不是简单地判断人才好或不好，行或不行，而是设定出需要人才具备的几个维度特质，根据人才在这几个维度特质上的情况做判断。

例如，某岗位需要人才具备 A、B、C、D 4 个维度的特质。现在有甲、乙、丙 3 位候选人：甲在 A、B、C 3 个维度上符合，在 D 维度上不符合；乙在 B、C 2 个维度上符合，在 A、D 2 个维度上不符合；丙只在 A 维度上符合，在 B、C、D 3 个维度上不符合。经过判断之后，在综合考量下，决策为甲更符合这个岗位。

这就好像学校教育，失败的老师往往喜欢根据班级学生的考试排名来对学生下结论，而成功的老师会根据每位学生的长处和短处有针对性地提出建议。人无完人，一个人在某个领域中比较弱，不代表他在其他领域里不会是天才。

某人在某个维度上和岗位不匹配，不代表他在其他维度上和岗位也不匹配，也不代表他在这些维度上与其他岗位不匹配。如果同时考虑时间维度，对于当前与岗位不匹配的维度，不代表经过一段时间发展变化之后，未来还不匹配。

识人、用人的过程应当把人才判断和用人决策分开。在人才判断时，应当使用维度观，科学、客观地评判人才。在用人决策时，根据维度观评判的结果，做最终是否录用的判断。

3.1.2 岗位胜任力模型 4 大维度

狭义的岗位胜任力模型仅指达到岗位要求、完成岗位目标需要的"能力"。而广义的岗位胜任力模型包含岗位所需要的素质、知识、能力、经验等各项任职资格，如表 3-1 所示。

表 3-1　广义岗位胜任力模型的 4 个维度

类别	内容
经验	持续运用某项能力的时间
能力	通用能力、专业能力等
知识	专业、学历、社会培训、证书、认证、专利、岗位需要知识等
素质	性格、人格、素养、智商、价值观、自我定位、性别、年龄等

1. 素质

素质维度一般指由个人自身特质决定的，比较根深蒂固，不太容易改变的东西，包括性别、年龄、性格、人格、智商、自我定位、忠诚度、人生观、世界观、价值观等。

2. 知识

知识维度一般指的是那些通过学习、查阅资料等后天得到的信息，包括专业、学历、社会培训、证书、认证、专利以及岗位需要的知识等。

3. 能力

能力维度一般是指在一定知识的基础上，能够完成某个目标或者任务的可能性，是一种知识的转化。知识和能力是不同的，光有知识没有能力就是纸上谈兵。

【举例】

掌握游泳的相关知识和掌握游泳的能力是两个不同的概念。只掌握游泳的知识，但不具备游泳的技能，也就是知道应该如何游，但从来没游过。如果把这个人直接扔到水里面，他可能会淹死。

开车也是一样的道理。人们在考驾照时，一般都要先学习理论，也就是驾驶知识。但有了驾驶知识就能开车了吗？当然不行，如果只掌握开车知识，不掌握开车能力，那么一定开不好车。

能力可以分成通用能力和专业能力。

通用能力指的是几乎每个岗位都要用到的能力。例如，沟通能力、组织能力、协调能力、理解能力、分析能力。几乎所有岗位，或多或少都要用到这些能力。

专业能力指的是某类岗位特有的，其他岗位几乎不需要的能力。例如飞机驾驶员岗位需要开飞机的能力，挖掘机操作员岗位需要开挖掘机的能力，美容师岗位需要美容技能，这些岗位需要的能力都属于岗位特有的能力。

4. 经验

经验维度一般是指某人从事一项工作的时间长短。能力一般和经验有一定的相关性，但二者并非持续相关。一般来说，随着时间的增加，经验的增长，能力的提升会趋于平缓。

【举例】

一般人开车的时间在3年左右，开车的能力基本就练成了。再开3年，在能力上一般不会有特别大的提升。这时候提升的，主要是经验。而经验的体现，主要是在一些事情的熟练程度和处理一些异常状况的能力。

总结下来，素质维度反映了候选人"能不能"做，知识维度反映了候选人"知不知道"怎么做，能力维度反映了候选人"会不会"做，经验维度反映了候选人"做了多久"或者"熟练程度"。

利用这4个维度，公司就可以定义出岗位需要人才的岗位胜任力模型。

【举例】

某公司要招聘一位主要处理事务性工作的普通行政文员。这个岗位的任职人员如果工作优秀，未来工资可能会提高，但没有太多晋升和发展空间。

这类岗位的素质要求一般包括：性格温和；价值观不需要有成就导向；对自我定位不需要太高，最好求平稳。

这类岗位的知识要求一般包括：不需要太高的学历（考虑到稳定性）；专业最好是文秘类、管理类、经济类等；专业限制不需要很大，也可以考虑不限；最好接受过一些专业的办公软件培训，或者具备办公软件操作的基本知识。

这类岗位的能力要求一般包括：具备沟通能力、组织协调能力、解决问题的能力等通用能力；办公软件应用能力、文字速录能力等专业能力。

这类岗位的经验要求一般是有连续 1 年以上 5 年以下的工作经验。因为行政文员的工作性质每个公司都差不多，有一点经验比完全没经验的更容易适应岗位，而且这类候选人其他公司已经帮公司做完人才培养了。

当某岗位的 4 个维度要求全部确定后，照着这 4 个维度招聘，不仅有方向性，而且招聘到的人才与岗位的匹配度会比较高，稳定性会比较好，敬业度也会比较高，最后个人和公司都能满意。

在利用这 4 个维度做岗位招聘时，要注意这 4 个维度的权重是不同的。一般来说，素质维度应当占较高的权重，因为素质维度一般比较难改变。

例如素质维度中的性格，每个人的性格特征过了 24 岁后基本就固定了。有时候外界环境变化会导致人们性格变化，但这种变化对大部分人来说相对较小。每个人的人生观、世界观和价值观都不同，但一般人 30 岁具备什么样的三观，如果不发生比较大的刺激，一般一生都不会有太大改变。

而知识、能力、经验都是可以通过后天努力获得的。只要某人素质达标，三观正，这 3 项都是可以培养的。但如果某人的基本素质不达标，三观不正，再怎么培养，也没办法培养出好的结果。

3.1.3 岗位胜任力模型组成要素

除了 4 个维度之外，岗位胜任力模型每个维度下的每项特质可以区分成不同的等级，并配有详细的文字描述。例如素质层面团队精神的特质，通常是指在团队目标下，对团队利益和协作的共同认知，将其分级后如表 3-2 所示。

表 3-2 团队精神分级

级别	定义
一级	能在团队中配合其他成员，有合作精神，态度端正，能考虑团队目标与利益
二级	尊重团队中的每一位成员，能在团队中积极配合其他成员，有较好的合作精神，态度端正，当团队利益与个人利益冲突时，以团队利益为先
三级	经常为团队提出有意义、建设性的意见，当团队利益与个人利益冲突时，总是以团队利益为先
四级	能主动加强与团队中其他成员合作的意识，当团队利益与个人利益冲突时，总是以团队利益为先，并愿意牺牲个人利益

教育背景，按学历可以分为初中、高中（包括中专和中等技术学校）、大专、本科、硕士、博士。公司可以将教育背景划分成 4 级，如表 3-3 所示。

表 3-3 教育背景分级

级别	定义
一级	初中、高中
二级	大专
三级	本科
四级	硕士及以上

公司知识可以包括行业知识、产品知识、公司文化（发展历史、理念价值观等）、组织结构、基本规章制度和流程等，也可以分成 4 个等级，每级的描述如表 3-4 所示。

表 3-4 公司知识分级

级别	定义
一级	熟悉员工手册
二级	了解公司发展历史、相关产品知识，熟悉本岗位相关管理制度、流程
三级	全面了解公司的历史、现状、未来发展方向目标、全部产品知识以及相关管理制度、流程
四级	熟悉公司整体运作流程、制度，了解公司整体战略规划以及战略步骤

对某一专项知识，也需要用此方式分类，比如财务知识，包括 A：会计学原理、统计学原理、税收，B：工业公司财务管理、工业公司会计、会计电算化，C：管理会计、成本会计，D：审计学，F：金融证券、投融资管理。对财务知识的分级如表 3-5 所示。

表 3-5 财务知识分级

级别	定义
一级	了解某一类所包含的基本知识
二级	掌握 A、B 类所包含的知识；了解 C 类知识
三级	精通 A、B、C 类知识，掌握 D、F 类知识
四级	精通 A、B、C、D、F 类知识

能力维度中的"沟通能力"通常是指"通过口头和书面方式表达、交流思想的能力"。将其分级后如表3-6所示。

表3-6 沟通能力分级

级别	定义
一级	能够为工作事项进行联系或相互简单交流
二级	能够与他人进行较清晰的思想交流,书面沟通文法规范、能够抓住重点,让别人易于理解
三级	沟通技巧较高,具有较强的说服力和影响力,书面沟通时有较强的感染力
四级	沟通时有较强的个人魅力,影响力极强,书面沟通时有很强的感召力

经验维度同样也可以分级,将其分级后如表3-7所示。

表3-7 经验分级

级别	定义
一级	2年以下相关经验
二级	2~7年相关经验
三级	7~15年相关经验
四级	15年以上相关经验

3.1.4 岗位胜任力模型等级定义

岗位胜任力模型中各维度的等级划分没有固定标准,应考虑本公司实际情况。公司在划定岗位胜任力模型中各维度等级时,可以根据本公司现有员工的职级来划分岗位胜任力要素,可以根据当前从事岗位员工在不同胜任力要素上的实际能力水平来划分等级。另外需注意,岗位胜任力要素的每个等级都应有清晰、明确的定义。

【举例】

某公司根据经理、主管和员工3类层级的特点,通过岗位胜任力模型构建方法,将不同层级的胜任力模型分成核心素质和发展能力两部分,不同层级的胜任力模型如表3-8所示。

表 3-8 某公司不同层级胜任力模型

胜任力类别	员工	主管	经理
发展能力			战略分析的能力
			抗压能力
			决断能力
		培养与发展他人的能力	培养与发展他人的能力
		经营分析能力	经营分析能力
		领导能力	领导能力
		成就导向	成就导向
核心素质	顾客导向	顾客导向	顾客导向
	沟通能力	沟通能力	沟通能力
	执行力	执行力	执行力
	公司认知	公司认知	公司认知
	诚信自律	诚信自律	诚信自律

为区分不同层级岗位胜任力要素的具体要求，该公司将不同胜任力要素进行等级划分。为方便应用，将所有岗位胜任力要素分成 4 级。其中，最低级代表该项胜任力要素不合格，其余 3 级代表能力水平依次升高。

其中，诚信自律的等级划分如表 3-9 所示。

表 3-9 诚信自律的等级划分

等级	行为等级的参考标准
杰出	具有高尚的行为操守，影响和感染身边的员工，工作正派，能够揭发营私舞弊的行为
优秀	讲信用，并且能够揭露谎言，维护公司的规章制度，以身作则
合格	为人正直，实事求是，遵守公司的规章制度，保守公司商业机密
不合格	表里不一，为了一己私利背离公司的利益，违反公司规章管理条例

公司认知的等级划分如表 3-10 所示。

表 3-10 公司认知的等级划分

等级	行为等级的参考标准
杰出	能够弘扬公司的文化精神，爱企如家，对公司忠诚度高
优秀	对公司有归属感、荣誉感、认同感，维护公司的形象
合格	认同公司文化，能够融入公司的工作
不合格	不认同公司文化，对公司的一些经营理念、工作内容不认可，甚至会宣传公司的一些负面信息

执行力的等级划分如表 3-11 所示。

表 3-11 执行力的等级划分

等级	行为等级的参考标准
杰出	对于计划的实施有强大的推动能力，并能在计划实施过程中，适当监控和指导，根据计划的执行效果进行跟踪、反馈和改进
优秀	有一定的计划推行实施能力，对计划的实施有一定的监控能力，能较好地协调各方面的资源
合格	能够较好地理解并执行上级的指令
不合格	对于上级给予的指示无法较清晰地传递给下属；计划的推行实施能力差，无法调动各方面资源，不能对计划实施进行控制、反馈与跟进

沟通能力的等级划分如表 3-12 所示。

表 3-12 沟通能力的等级划分

等级	行为等级的参考标准
杰出	沟通时有较强的个人魅力，影响力极强，有很强的感召力
优秀	能够与领导、员工进行清晰的交流，表达流畅，主次分明，易于理解
合格	工作中遇到问题能够及时向领导汇报，并与员工进行交流和沟通
不合格	不善表达与沟通，不能与总部各关联科室及关系部门处理好问题

顾客导向的等级划分如表 3-13 所示。

表 3-13 顾客导向的等级划分

等级	行为等级的参考标准
杰出	带领员工形成一种顾客至上的服务理念，发展店铺忠诚顾客
优秀	依据顾客的需求，带领员工为顾客提供优质的服务
合格	尊重顾客，并将服务的理念传递给员工，善于挖掘顾客的需求
不合格	不尊重顾客，不能挖掘顾客的需求，不能处理好顾客的投诉

成就导向的等级划分如表 3-14 所示。

表 3-14 成就导向的等级划分

等级	行为等级的参考标准
杰出	主动性很强，工作有激情，有自己明确的发展目标，敢于挑战更高的职务，并通过自身感染周围的员工
优秀	进取心强，追求卓越，并主动学习，接受培训
合格	具有一定的进取心和工作的主动性
不合格	不思进取，满足现状

领导能力的等级划分如表 3-15 所示。

表 3-15 领导能力的等级划分

等级	行为等级的参考标准
杰出	能统筹好各方资源，并保证物尽其用，打造出一支凝聚力强、向心力强的工作团队，能够建立自己独特的领导风格
优秀	能把公司资源进行一定的统筹利用，准确把握团队工作效率，查找问题、提出解决方案，带领员工团结一心完成各项工作
合格	有条理地制定计划并合理安排实施计划，能够协调本部门内部关系，高效利用资源和精力，注重团队凝聚力的建设
不合格	针对公司的实际情况，无法制定出有效的工作目标和计划，不善于制定工作的标准和流程，杂乱无序地开展工作，不懂得管理员工，员工缺乏向心力和凝聚力

经营分析能力的等级划分如表 3-16 所示。

表 3-16 经营分析能力的等级划分

等级	行为等级的参考标准
杰出	能够就目前的经营状况及行业竞争对手的经营状况做出准确的分析和比较，并制定出相应的调整方案；能够将复杂的问题通过数字的形式进行分解，将问题简单化、规律化，并对问题进行合理解决
优秀	具备较强的综合分析能力、推理能力、行业竞争意识，能够从销售报表中发现问题并提出解决方案
合格	善于观察和分析问题，具备一定的数字敏感度，懂得通过数据解决问题
不合格	数字概念不明确，观察、分析、概括理解能力差，思维不活跃，思路不清晰

培养与发展他人的能力的等级划分如表 3-17 所示。

表 3-17　培养与发展他人的能力的等级划分

等级	行为等级的参考标准
杰出	支持并配合公司的人才发展战略，为公司培养优秀的人才
优秀	通过示范和详细讲解操作步骤的方式帮助下属掌握工作技能；了解下属需求，指导下属工作；定期轮流对下属进行培训
合格	认识到为公司培养储备干部的重要性；遇到培训的机会，愿意让员工去尝试，会为员工的未来做一些考虑
不合格	没有培训和发展他人的意识，不愿意教别人，阻碍公司员工的晋升和发展

抗压能力的等级划分如表 3-18 所示。

表 3-18　抗压能力的等级划分

等级	行为等级的参考标准
杰出	乐观积极的态度，能够承受较大的压力，能够将压力转化为动力，同时激励本部门的员工
优秀	在较大的压力下能够抗住压力，带领团队继续开展各项工作
合格	能够承受一定的压力，拥有迎难而上的动力
不合格	遇到问题不冷静、急躁，知难而退

决断能力的等级划分如表 3-19 所示。

表 3-19　决断能力的等级划分

等级	行为等级的参考标准
杰出	在复杂的情况下能够表现出高度的理性，迅速做出决断
优秀	对于突发的事情能够当机立断，迅速做出决断；对于员工提出的建议能够合理地思考并做出决定
合格	做决策时需借助他人的力量，通过协调决定
不合格	优柔寡断、延误时机、判断困难

战略分析能力的等级划分如表 3-20 所示。

表 3-20　战略分析能力的等级划分

等级	行为等级的参考标准
杰出	具备将战略目标落实为具体行动规划的能力，能够总结战略实施的成败经验，向上做出反馈，促进公司不断调整与优化经营计划
优秀	了解公司战略制定背景、原则，对于公司发展将面临的机会与挑战有较清晰的认识，能够总结一部分公司战略成败的经验
合格	目光长远，能够有效地分析公司的战略
不合格	不清楚公司目前发展中将会遇到的机遇与挑战，战略分析能力差

3.2 人才画像描绘

人才画像指的是岗位需求人才的基本属性。通过描绘人才画像，公司能够精准定位出岗位需要招聘人才的标准框架。围绕人才画像实施人才测评和人才选拔，有助于提高人才选拔的效率和成功率。

3.2.1 人岗匹配与人人匹配

有人觉得，岗位胜任力模型和岗位人才画像都是用来解决岗位需要人才的基本属性的，它们的功能相同，好像是一回事。实际上，岗位胜任力模型和岗位人才画像之间确实存在一定的关联性，但这两种工具的定位有所不同。

岗位胜任力模型是"以岗对人"或者"以岗找人"，就是通过公司需要的岗位来匹配确定这个岗位需要的人才特质，最终得到的结果是"人岗匹配"；岗位人才画像是"以人对人"或者"以人找人"，就是通过公司需要人才岗位上能把工作做好的人才的特质，来匹配确定这个岗位需要的人才特质，最终得到的结果是"人人匹配"。

实际上，除了"以岗找人"和"以人找人"之外，还有一种用人模式是"以角色找人"，最终得到的结果是"角色匹配"。这里的角色与岗位族群、序列、角色中的角色含义相同。当既没有已经存在的岗位可以参考，也没有在这个岗位上绩效比较好的人可以参考时，公司就可以用角色来找人。

例如刚成立不久的一家互联网公司，业务模式是全国的首例，没有可以参考借鉴的对象，这时候就可以用角色来找人。如果这家公司需要招聘销售岗位人员，但这类销售岗位又和传统的销售岗位不同，此时公司就可以研究这类销售岗位需要承担什么角色。假如研究后发现，公司需要的销售岗位实际上是一种市场开发加技术指导的角色，就可以按照这两个角色的合并来实施人才招聘。

人才画像的"人人匹配"、胜任力模型的"人岗匹配"和用角色来划分的"角色匹配"这三者之间既不矛盾，也不冲突。公司在做人才选拔时，可以根据需要将这3种工具合并使用，也可以单独使用这3种工具中的任何一种。

3.2.2 人才画像的组成要素

在刑侦破案类影视作品中经常会有这样的桥段：某位刑警或侦探在勘察犯罪现场之后，说犯罪嫌疑人应该是男性，年龄在30～35岁，身高在170～175厘米，体态壮实，未婚，性格内向等。

这个过程在刑侦学中叫"描绘犯罪心理画像"。刑侦专家不需要见到犯罪嫌疑人本人，只需要根据作案的时间、地点、手段、凶器等信息就可以大致判断出犯罪嫌疑人的生理特征、心理特征、受教育程度等情况。

与犯罪心理画像类似，在产品营销中有用户画像的概念，就是营销人员根据产品的特性，描绘出对这种产品有需求，可能会购买、使用这种产品的用户所具备的特征。

岗位人才画像也是类似的道理，在实施人才招聘之前，根据岗位需求的特性，描绘出需求人才的各类特质。

不论是犯罪心理画像还是营销中的用户画像，都是为了把视线聚焦在某一类人身上，集中优势资源，重点针对这类人采取行动。这样做能以最低成本、最快速地达成目标。

描绘人才画像是为了在茫茫人海中锁定公司要找的候选人，帮助公司快速、精准地实施招聘。有了岗位人才画像，公司就能知道需要的人才可能会在什么地方，就可以有针对性地开展招聘，更加精准地找到和筛选出匹配度高的候选人。

很多猎头总能帮助公司快速、精准地找到适合的人才，正是因为专业的猎头掌握了描绘人才画像的方法。猎头会像专业的侦探在破案前描绘犯罪心理画像一样，在正式开展人才寻访工作前，认真描绘人才画像。

对人才画像组成要素的划分可以参考广义岗位胜任力模型中的要素划分，按照大类分，可以分成素质、知识、能力和经验。也可以根据需要在广义岗位胜任力模型的基础上，做更细致、更个性的划分，如可以细分成身高、体重、年龄、性别、性格、属地、爱好、动机、专业、学历、学校、成绩、培训、资质等维度。

【举例】

某公司销售经理岗位的人才画像如表 3-21 所示。

表 3-21 某公司销售经理岗位的人才画像

类别	内容
基本情况	本科以上学历；热情开朗；性格外向；踏实努力；有竞争意识……
知识要求	营销学、销售技能、广告学、市场策划、产品知识、沟通技巧……
技能要求	沟通能力、适应能力、抗压能力、应变能力、分析能力、学习能力、说服他人能力……
经验要求	2 年以上销售类岗位工作经验

3.2.3 人才画像的描绘方法

描绘人才画像可以分成 3 步，如图 3-1 所示。

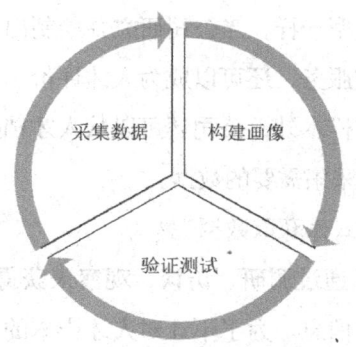

图 3-1 描绘人才画像的 3 个步骤

第 1 步，采集数据。

采集数据，就是收集描绘人才画像需要的数据信息。例如某互联网公司需要招聘产品经理，要给产品经理岗位做人才画像。此时公司首先要了解，能从事产品经理岗位的人需要什么样的性格、什么样的背景等，这些都是数据信息。

这里要注意，对数据的采集不是维度越多越好，也不是越细致越好，而是要根据不同岗位的实际需要，在关键维度上采集比较多的数据，在相关度较小的维度上采集比较少的数据或者不采集数据。

例如产品经理岗位一般对人才的性别、属地、身高、体重、长相等维度没有要求，所以收集这类数据对公司描绘人才画像的意义不大；但产品经理岗位一般对人才的专业知识、岗位技能、从业资质、工作经验等维度要求比较高，所以公司要重点在这些维度上采集数据。

公司可以从哪些方面来采集数据呢？

人才画像是"以人找人"，描绘人才画像最好的数据来源是"人才样本"。人才样本就是某类岗位的目标样本，也就是照着谁的样子来描绘人才画像。

最好的人才样本，是从事这个岗位的高绩效员工。例如对产品经理岗位人才画像的数据采集，公司可以找公司内部或其他公司从事这个岗位的高绩效员工作为人才样本。高绩效员工绩效高，一定有其道理，公司就是要通过描绘人才画像的过程去研究这个道理。

和构建岗位胜任力模型一样，当公司研究并绘制出人才画像之后，其不仅可以为人才测评和人才选拔服务，还可以成为人才评价、人才使用、人才培养等方面的重要依据。除了人才样本外，公司还可以从人才档案、岗位说明书、岗位分析、管理者访谈等层面来采集需要的数据。

公司可以通过什么方式来获取数据呢？

对于人才样本，可以通过调研、访谈、观察来获得数据；对于资料类文件，可以查阅档案、检索关键信息。为了不让对人才样本的调研和访谈变成一场没有意义的聊天，操作人员在实施之前可以先列出一份清单，根据清单操作就不至于跑题。在对人才样本访谈和调研的过程中，要注意收集"关键事件"，通过对关键事件的分析得出关键信息。

第2步，构建画像。

对于采集的数据，在进行整理归纳、分类汇总和关键信息提炼之后，就能够初步得到人才画像。可以在人才画像中加入一些场景描述，让人才画像更加真实和立体。例如某类人才画像的描述为：当你对他表示某件事不可能的时候，他会表达出"世界上没有什么事是不可能的"。

为了让人才画像更生动，可以在人才画像中加入一些标签化的描述，如固执、独立、幽默等标签。为了让人才画像更精准，也可以加入一些数字化的描述，如2项成就、3年经验、5个项目等包含具体数字的信息。

第3步，验证测试。

没有应用过的人才画像，人们并不知道其准确性如何。所以在人才画像初步描绘之后、正式应用之前，需要有一个论证的过程，也就是验证测试的过程。

如何进行验证测试呢？

可以先把做好的人才画像给人才样本（高绩效员工）看，再把人才画像给人才样本的管理者看，接着把人才画像给公司的高层管理者看或给外部专家看，请这些看过人才画像的人分别发表修改意见。

实践是检验真理的唯一标准。除了在应用之前找不同的人提意见，通过不断的实际应用和调整，公司能够得出相对准确的人才画像。

需要注意的是，因为环境是不断发展变化的，公司对岗位的要求也应当不断变化，岗位人才画像应当及时更新，随着公司的需要而发展变化。

3.3 岗位胜任力模型应用原理

运用岗位胜任力模型的基本原理是根据公司的愿景/战略/目标，定义出公司需要的人才的能力以及各岗位需要的人才的能力，通过培养或补充能力短板，让各岗位人才能力达到公司要求，从而更有可能创造高绩效和高价值，帮助公司实现愿景/战略/目标。

3.3.1 岗位胜任力实施价值

能力与绩效间有着非常紧密的联系。员工的能力决定着员工的行为，员工的行为决定着员工的绩效水平，员工的绩效水平决定着公司的绩效水平。所以通过提升员工的能力，能够显著提高公司的绩效水平。

然而，提升员工能力是个宏大的话题。因为能力包含的项目非常广泛，有的能力是员工所在岗位需要的能力，有的能力是与岗位关联度较小的能力。如果一味提升与岗位关联度较小的能力，员工的绩效水平并不会获得明显提升。所以要提升员工的绩效水平，应当提升员工岗位需要的能力。

什么是岗位绩效达成需要的能力？这正是构建岗位胜任力要回答的问题。公司经营的首要目标是达成愿景/战略/目标，构建岗位胜任力模型正是为了公司更高效地实现愿景/战略/目标。岗位胜任力模型的实施价值如图3-2所示。

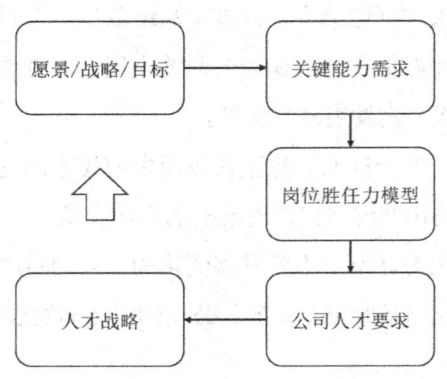

图 3-2　岗位胜任力模型的实施价值

根据公司的愿景/战略/目标，能够得到公司的关键能力需求。根据关键能力需求，能够明确公司的岗位胜任力模型，从而得到公司人才要求。根据公司的人才要求，可以制定出支持公司愿景/战略/目标的人才战略。

3.3.2　岗位胜任力培养策略

虽然每个岗位都能总结出对应的胜任力，但岗位胜任力之间是存在差异的。有的岗位胜任力更重要，有的岗位胜任力相对不重要；有的岗位胜任力可塑性强，有的岗位胜任力可塑性不强。对待不同的岗位胜任力，应当采取不同的应对策略。

所谓重要性，指岗位胜任力对岗位完成绩效的贡献大小；所谓可塑性，指员工获取岗位胜任力的容易程度。按照重要性和可塑性的不同，可以把岗位胜任力分成4类，如图3-3所示。

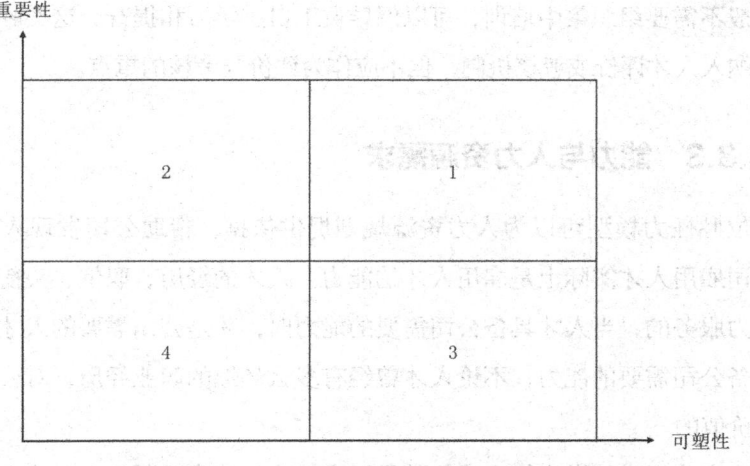

图 3-3 岗位胜任力的 4 种类型

1. 重要性高，可塑性强

这类胜任力既重要，获得又相对比较容易，是岗位的核心胜任力。核心胜任力是优先级最高的胜任力。对于某个特定岗位来说，核心胜任力是岗位从业者最应当具备、最应当补充的胜任力。对于公司所有岗位来说，核心胜任力是公司应对员工重点培养的胜任力。核心胜任力值得公司投入较多的资源和精力重点培养。

2. 重要性高，可塑性弱

这类胜任力虽然比较重要，但获取比较难，也就是虽然这类胜任力对公司来说价值很高，但很难培养或复制。对于这类胜任力，公司应调动员工的积极性，鼓励员工通过自主学习获取。同时，公司可以把这类胜任力纳入人才评价或考核机制，通过机制设计让员工具备获取这类岗位胜任力的积极性。

3. 重要性低，可塑性强

这类胜任力虽然获取比较容易，但对公司来说并不重要，也就是对公司的价值比较低。对于这类胜任力，如果条件允许，公司可以组织相关培训；如果条件不允许，可以倡导员工自行培养这类胜任力，公司提供相关的学习资料。

4. 重要性低，可塑性弱

这类胜任力对公司来说价值比较低，同时获取也比较难。对于这类胜任力，公司一般不需要组织集中培训，可以倡导员工自主学习和提升。这类胜任力可以视情况纳入人才评价或考核机制，但不应作为评价与考核的重点。

3.3.3 能力与人力资源需求

岗位胜任力模型可以为人力资源规划提供依据，帮助公司发现人力资源需求。公司雇用人才实际上是雇用人才的能力。人才的经历、职位、头衔等本质上是为能力服务的，当人才具备公司需要的能力时，才是公司需要的人才。如果人才不具备公司需要的能力，不论人才曾经有多么辉煌的职业经历，对公司来说都是没有价值的。

要确定公司对某类岗位人才的数量需求，公司首先可以盘点对该岗位的能力需求，尤其是从事该岗位不可或缺的关键能力需求。针对当前人才与关键能力的匹配情况实施盘点分析，然后根据公司人才能力培养效率的相关数据，预估人才能力培养的成功率，从而判断公司对某类关键能力的需求。

如果公司对某类关键能力的需求数量较大，内部供给量不足，代表公司需要通过外部招聘引进这种能力。关键能力需求预测不仅能够帮助公司确定人才的需求数量，而且可以聚焦人才需求的具体类型。

【举例】

某公司近期出现发展放缓、业绩下滑的情况，经营管理问题频发，严重影响公司实现战略目标。经过综合评估后，判断与当前中层管理团队的能力不足有很大关系。为此，该公司针对战略需求设计了中层管理团队的能力需求类型和能力等级要求，如表3-22所示。

表3-22 某公司中层管理团队的能力需求类型和能力等级要求

能力需求类型	能力定义	能力等级要求
组织领导力	在公司发展战略指导下，设定科学合理的工作目标，通过合理组织调度人、财、物资源，带领团队及时、高质量完成业绩目标	4
团队建设与凝聚	促进冲突的有效解决，营造高效、合作、和谐的工作氛围，培养员工的合作精神与团队精神	3

续表

能力需求类型	能力定义	能力等级要求
培养与发展他人	发现员工工作中的不足,并及时给予培训与指导,帮助员工学习与进步	3
沟通协调能力	积极主动与顾客、员工、集团进行沟通,发现问题并追溯源头予以解决	4
营销能力	做好周边市场以及竞争对手的分析,挖掘顾客需求,采取差异化策略,进行有效产品促销与销售	3
岗位专业能力	熟悉业务、掌握与职责有关的知识与技能	4
数据分析能力	精通数据统计与分析,挖掘有价值信息,发现潜在问题,并将分析结论运用到实际工作中,提升门店经营业绩	4

该公司的中层管理者共 600 人。为提升中层管理者的整体能力水平,该公司对当前 600 名中层管理者实施了岗位能力评估,得到结果如表 3-23 所示。

表 3-23 某公司对 600 名中层管理者能力等级的评估

能力需求类型	能力等级要求	处在4级人数（人）	处在3级人数（人）	处在2级人数（人）	处在1级人数（人）	待培养人数（人）
组织领导力	4	300	150	100	50	300
团队建设与凝聚	3	100	400	100	0	100
培养与发展他人	3	100	300	100	100	200
沟通协调能力	4	300	200	100	0	300
营销能力	3	50	300	200	50	250
岗位专业能力	4	420	120	60	0	180
数据分析能力	4	240	180	140	40	360

从表 3-23 能够看出,当前 600 名中层管理者的能力水平处在不同的等级。在有的能力需求类型中,符合能力等级要求的人数较多,不符合能力等级要求的人数较少;在有的能力需求类型中则刚好相反。

该公司中层管理者能力需求类型的重要性是不同的,该公司高层团队经过讨论,认为组织领导力、营销能力和数据分析能力是最关键的 3 大核心能力。这 3 大核心能力直接影响着公司能否达成战略目标。如果中层管理者其他能力有所缺失,公司可以接受,但如果缺失这 3 大核心能力,公司将不能接受。

该公司根据往年对不同能力培养的成功率,对中层管理者 3 大核心能力培养补充情况分析如表 3-24 所示。

表 3-24 某公司中层管理者 3 大核心能力培养补充情况分析

关键能力类型	能力合格人数（人）	待培养人数（人）	能力培养成功率	能力培养成功人数（人）	能力培养后合格人数（人）	与当前在岗人数（600人）的差距（人）
组织领导力	300	300	70%	210	510	90
营销能力	350	250	80%	200	550	50
数据分析能力	240	360	80%	288	528	72

表 3-24 中"与当前在岗人数（600 人）的差距（人）"中的最大值（90 人）就是该公司需要考虑从外部补充的人才数量。从外部招聘人才时，应当重点考察人才的组织领导力、营销能力和数据分析能力，或者具备这 3 种能力潜质，能够在较短时间内培养成功的人才。

通过关键能力需求预测，公司不仅在人才补充的数量上有了依据，而且在人才补充的质量上和评判标准上也有了具体要求；不仅在人才入职后，对人才培养的方向有了侧重点，而且在外部人才转正时，对人才的评价有了标准。

3.3.4　角色与人力资源需求

公司除了可以通过能力进行人力资源需求预测外，还可以通过角色进行人力资源需求预测。对于当前还没成立的公司或当前还未开展的新业务，在配置人力资源数量时，因为存在大量的未知性，很难准确设计具体的岗位或职责。在这种情况下运用岗位胜任力模型实现人岗匹配或通过人才画像实现人人匹配都是比较难的。此时可以运用岗位管理中角色的概念，实现角色匹配。

角色匹配是运用角色的功能性，对需求进行定位，根据定位选拔适合该角色的人员。角色匹配中的角色可以是一个比较模糊的概念，它不需要像岗位胜任力一样具备非常明确的等级或具体的要求，就能实现对人力资源功能的需求预测。

【举例】

某移动互联网公司已经成功开发了多款 App，在某细分市场比较成功。近期，该公司准备开发一款新的功能型App。根据该公司的经验，新App项目团队参照以往App项目团队的人员配置，预测团队需要的角色、定位和人员需求如表3-25所示。

表3-25 新App项目团队需要的角色、定位和人员需求

序号	角色	角色定位	项目需求人数	公司内部提供人数	对外需求人数
1	项目总负责人	对整个团队负责，对整个项目负责，是整个项目团队的最高负责人和最终责任人，在项目团队中拥有最高权限	1	1	0
2	产品项目经理	负责项目中特定产品的规划、定位，带领与产品相关的编程开发人员开展工作，引领产品开发工作	3	1	2
3	编程开发人员	负责产品的编程开发工作，根据产品项目经理对产品的规划，实现产品的功能预期	24	14	10
4	视觉呈现设计	负责产品的功能结构排布和视觉呈现，保证产品功能呈现完整、界面友好、操作简单	2	1	1
5	功能测试人员	负责产品功能测试，寻找产品开发和使用环节中呈现出的问题或潜在问题，促进产品功能完善	1	1	0
6	产品运维人员	产品正式上线后，负责产品的稳定运行，定期维护产品，根据用户服务人员反馈的问题，及时调整	6	6	0
7	推广运营人员	负责产品上线后的推广工作，增加用户数量。定期组织各类活动，保证现有用户的活跃度	8	0	8
8	用户服务人员	负责用户服务工作，解答用户疑问，接待用户的投诉。定期整理和分析负面评价，反馈给产品运维人员	2	0	2
9	人力资源人员	负责整个项目团队的人才招聘、选拔、培养、调配、考核、激励、评价、维稳等工作	1	1	0

由于对人才需求的时间点不同，新App项目团队中的人才能够实现相互流动。编程开发人员可以在编程开发工作结束后，负责产品运维工作。另外，新App项目团队的部分人员可以由公司现有人员担任或兼职担任。所以该项目实际对外需求人数并不是项目需求人数。

第 4 章

岗位胜任力模型构建

岗位胜任力模型不仅可以应用在人才的招聘选拔方面,在人才的培养方面,公司可以有针对性地重点培养人才和岗位不匹配的维度;通过对人才观的维度化,在人才的评价方面,岗位胜任力模型能够客观识别出人才和岗位匹配度较高和较低的维度;在人才的使用方面,公司可以用人所长,扬长避短。

4.1 岗位胜任力模型构建方法

要应用岗位胜任力做好能力管理,首先要学会构建岗位胜任力模型。实务中,构建岗位胜任力模型的常用方法有3种,分别是总结归纳法、战略推导法和引用修订法。这3种方法没有好坏之分,公司可以根据自身实际情况选择其一开展应用。

4.1.1 总结归纳法

采用总结归纳法构建岗位胜任力模型比较适合那种比较成熟、比较稳定、具备一定的规模,而且管理水平相对比较高的公司。

实施总结归纳法可以分成3步。

1. 寻找高绩效员工

针对待研究的岗位,找到一些在该岗位上,工作绩效比较高的员工。这里要注意,有时候高绩效不一定是员工个体的原因,也可能是环境原因。所以在找绩效比较高的员工时,要抛开环境原因,找员工个体原因。

找高绩效员工时,最好找素质和能力处在75分位的员工,也就是处在前25%的优秀人才。这样总结出来的岗位胜任力模型结果适合在全公司推广。

这里不建议找特别突出、特别优秀的员工,因为通过特别优秀的员工总结出来的岗位胜任力模型水平比较高，不适合在公司大范围推广。当然，找水平太低的员工总结出来的岗位胜任力模型同样没有价值，也不适合在全公司范围内推广。

找优秀员工就像从一群篮球运动员中找明星球员。找明星球员时要注意，不能只看球员的得分。某些球员得分比较高有可能是因为他有一个非常好的助攻伙伴，离开那个助攻伙伴以后，他的得分会很低。他的助攻伙伴虽然得分很低，但反而可能是个明星球员。

2. 访谈与归纳

访谈几个高绩效的员工，归纳他们绩效高的原因。这时候，也可以把高绩效员工和绩效一般的员工做比较，看他们在素质、知识、能力和经验这些岗位胜任力维度上具体存在哪些差异。在分析这些差异时，要评估是不是这些差异引起了绩效的不同。

【举例】

当人们观看一场篮球比赛，发现有一名球员得分特别高，而且他得分高的原因确实是来自他的个人能力。这时候可以进一步观察他个人能力高的具体原因。是因为他在身高上有优势吗？是因为他在体重上有优势吗？还是因为他在速度上有优势？或者是因为他在技术上有优势？

观察过程中，还可以不断比较得分一般的球员。假如某球员得分高是因为身高很高，可得分一般的球员中也有身高很高的人，他们为什么得分低呢？假如某球员得分高是因为他在篮球技术上有优势，可球技好的人也有很多，为什么他们得分却没有他高呢？

经过总结，可能会发现，某球员得分高不一定是某一个方面特别突出，而是其在某几个方面都达到了一定的条件，当这些条件同时出现时，其得分就会比较高。

3. 总结

把高绩效员工在个体方面绩效高的原因总结下来，可以按照岗位胜任力模型的要求，最终总结在素质、知识、能力和经验4个维度上。当然，如果有的公司的岗位胜任力模型用的是狭义的岗位胜任力模型，也可以只在能力维度上做总结。

总结归纳法操作起来并不容易，需要操作者具备一定的观察能力、分析能力和总结归纳能力。一般来说，工作经验丰富、对某个岗位熟悉、已经有一定积累的人比较适合采用这种方法。

4.1.2 战略推导法

战略推导法是一种根据公司的战略目标，推导人才需求的方法。这种方法本质上是一个逻辑推理的过程。

战略推导法的实施步骤相对于总结归纳法更简单，可以分成3步。

（1）搞清楚公司战略、愿景、使命和核心价值观，也就是把公司想做什么完全弄明白。

（2）分析公司要达成这些战略、愿景、使命和核心价值观，需要达到什么样的具体目标。这一步就是把一些比较虚的口号变成比较实的目标。

（3）根据上一步总结出来的公司想达成的目标，来推导公司对岗位的需求，推导岗位的具体胜任力模型需求。

【举例】

张三想要组建一支篮球队参加中国男子篮球职业联赛（CBA）（假设这件事成立）。张三给这支篮球队设定的目标是打入CBA的季后赛。这时候张三可以开始推导：要打入CBA的季后赛，这支篮球队要取得什么样的成绩呢？

打入CBA的季后赛的规则是在常规赛时打进前8名，所以要达成打进季后赛的目标，就要保证新组的这支球队打进前8名。要保证新球队的实力能在常规赛打入前8名，那么球队成员的整体实力按理说要能够排进前8名。这里球队的整体实力，相当于组织能力。

要让球队整体实力排进前8名，理论上需要球队中各个位置球员的实力也要大约排进前8名。当然，这里要考虑球员间配合的默契程度问题，也就是在团体运动中，可能会存在1+1＞2的情况，也可能出现1+1＜2的情况。

但张三为了让达成目标的概率更大，要保证球队稳定打进前8名，理论上讲，最好球队各个位置的球员在CBA该位置的所有球员池中都能排进前8名。参照这样的标准，张三就可以给这支刚组建的球队建立各位置的胜任力模型了。张三可以按照这个胜任力模型，开始找球员了。

此案例中组建球队的原理也可以用在公司中。

战略推导法的优点是能让公司建立的胜任力模型和公司的战略、价值观、目标密切相关，让胜任力模型构建的整个过程逻辑非常清晰。简单地说，就是让公司的胜任力模型看起来对公司的发展战略是有用的。

而且运用战略推导法还可以为当前不存在的岗位建立胜任力模型。就像组建球队的案例，虽然当前还不存在这支球队，但根据已有的其他球队情况，根据现有的数据，可以推导出这支即将成立的球队需要什么样的胜任力。

当某些公司要开展新业务之前，在没有团队成员的情况下，采用总结归纳法是不可行的，这时候就可以采用战略推导法来构建岗位胜任力模型。

运用战略推导法的缺点是这种方法缺乏具体的行为做依据，有时候可能会有些空泛、抽象，或者脱离现实。另外，这种方法虽然看起来步骤比较简单，但推导的过程并不简单，需要人们对公司战略非常了解，对外部市场环节把握准确，也需要精通业务。不然，可能会放大这种方法的缺点，变成纸上谈兵。

4.1.3 引用修订法

与总结归纳法和战略推导法相比，引用修订法是最简单的岗位胜任力模型构建方法。为什么简单？因为这种方法是拿来主义，说得直白一些，就是参考其他公司已有的岗位胜任力模型。引用修订法特别适合中小型公司或管理基础较薄弱的公司，也比较适合想要快速建立岗位胜任力模型的公司。

引用修订法不完全是拿来就用，要分步骤实施，可以分成 3 步。

（1）找到专业咨询公司、同行业做得比较优秀的公司或对标公司现成的岗位胜任力模型。

（2）把找到的岗位胜任力模型根据本公司实际情况做一定修改，把不切实际的、本公司没有的或没办法评价的项目删掉或替换。

（3）把修改后的岗位胜任力模型投入应用。这种拿来主义得来的东西通常和公司实际需要存在一定的差异，此时需要在应用过程中不断做修正和改进。

如果公司可以接触到比较专业的管理顾问，可以让专业顾问列出一些通用的岗位胜任力模型，请公司相关人员讨论、选择、筛选出适合自己公司的岗位胜任力模型。

【举例】

接上小节中张三组建篮球队的例子。张三除了通过打入季后赛这个目标来推导需要什么样的球员之外，也可以找几支常年能打入季后赛的球队，研究这些球队的球员组成。张三也可以直接根据这些球队选球员的标准来选择自己的球员。

这时候可能会发现，那些常年打入季后赛的球队中，并非所有位置的球员都可以排进前8名，但他们的排名可能也不低。这时候，也许可以总结出某种规律。

例如张三可能总结出，要保证2个后卫中有1个人的排名必须在前8名，另1个人的排名可以在前16名；大前锋和小前锋中有1个人的排名必须在前8名，另1个人的排名可以在前16名；中锋位置球员的排名必须在前8名。（仅是举例说明，并非真实情况。）

有了这样的总结后，张三可以进一步得出球队不同位置的胜任力模型，作为组建球队的依据。

引用修订法的优点是省时省力，对于初步想引进岗位胜任力模型概念，但又没有能力在岗位胜任力模型开发上做大量投资的公司来说，不失为一种有效的方法。

引用修订法的缺点是得到的岗位胜任力模型中通用的成分可能会比较多，岗位胜任力模型和具体的公司文化、公司战略等的关联性不一定紧密。所以在建立岗位胜任力模型时，也可以考虑把战略推导法和引用修订法放在一起使用。

4.2 5大通用胜任力

某著名管理咨询公司根据多年岗位胜任力模型构建经验，总结出比较适合刚开始引入岗位胜任力模型公司应用的5大通用胜任力，分别是诚信认真素质、顾客导向意识、沟通协调能力、专业精深能力、解决问题能力。该公司总结出这5

大通用胜任力的原理，源于所有岗位都离不开 5 个模块的工作。

1. 履行岗位职责

所有岗位都要履行本岗位的职责，具体体现是按照岗位职责对应的任务要求开展日常工作。要保证岗位从业人员有效履行岗位职责，需要该从业人员具备一定的基础素质。诚信认真正是一种比较通用的基础素质要求。

除此之外，要履行好岗位职责，需要从业人员与顾客大量接触，这就需要顾客导向意识；需要从业人员与公司内外部人员接触，这就需要沟通协调能力；为了更好地履行岗位职责，需要具备一定的专业度，这就需要专业精深能力；当遇到问题时，要及时解决问题，这就需要解决问题的能力。

2. 顾客关系管理

所有岗位都有顾客，这里的顾客指的不仅是购买公司产品或服务的顾客，还包括所有岗位的下游。任何岗位都有下游的服务对象，这些服务对象可以被统称为顾客。当每个岗位都服务好自己的顾客时，公司的运营效率必然会提升。

要服务好对应的顾客，需要诚信认真的素质基础，需要顾客导向的责任意识，需要一定的沟通协调能力，还需要自身具备一定的专业精深能力。与顾客的沟通交流过程中免不了存在各类问题，此时就需要解决问题的能力。

3. 工作关系管理

每个岗位都对应着内部的上级、平级、下级或者外部有工作联络的部门，这些都属于岗位相关的工作关系。要做好工作关系管理，从业人员需要具备诚信认真的素质基础，还需要具备一定的沟通协调能力。

4. 组织战略协同

组织与岗位之间是存在某种协同关系的，组织内的每个岗位都是为了实现组织战略而存在的。要实现岗位与组织战略协同，从业人员需要具备一定的专业精深能力，也需要具备一定的沟通协调能力。

5. 个人成长管理

成长之心，人皆有之，岗位从业人员免不了会有成长的需求，这就需要从业人员具备一定的专业精深能力。当专业程度达到一定水平，就可以在职级或职等上得以提升。当然，如果要晋升到管理岗位，还需要具备一定的管理能力。

这5大胜任力适用于任何公司、任何岗位，属于"入门级"的岗位胜任力。想引入岗位胜任力模型的公司，可以参照这5大胜任力的具体内容，运用引用修订法，作为公司的通用能力使用。

4.2.1 诚信认真素质

诚信认真是做好岗位工作的基本素质。诚信认真素质可以拆分成诚信和认真2个部分。所谓诚信，指的是做人诚实、守信、有原则、有操守、具备比较强的职业道德。所谓认真，指的是对待工作任务勤勤恳恳、脚踏实地、比较用心、愿意主动承担责任。

诚信认真素质的描述如表4-1所示。

表4-1 诚信认真素质的描述

级别	具体含义
3级	(1) 面对有挑战性的工作任务，能够主动做出承诺 (2) 就算不是本岗位的职责，也能为了集体利益任劳任怨、积极参与 (3) 敢于承担责任，敢于以身作则，敢于面对后果 (4) 对事非常严谨，对人恪守承诺，把岗位工作当成个人事业 (5) 以集体利益为重，必要时可以牺牲个人利益，保全集体利益
2级	(1) 有比较强的职业道德、职责操守和工作准则 (2) 不仅自己不做违反原则的事，而且能够反对并指出他人违反原则 (3) 对待工作有比较强的责任感，具备主人翁意识，勇于担当 (4) 当遇到有挑战性的工作任务时，勇于承担责任 (5) 当某个意见对组织有利，但可能对个人不利时，能够勇于提出
1级	(1) 做人做事能够做到诚实，不作假，不撒谎，尊重事物本来面貌 (2) 守信用，重承诺，答应别人的事情基本可以做到 (3) 对公司忠诚，对工作负责，能够认真履行岗位职责 (4) 接受工作安排后，能够令得令则行 (5) 具有行动力、执行力和忠诚度
不具备	(1) 不履行岗位职责，不按照岗位职责要求完成工作任务 (2) 无视上级管理者的指令，存在消极怠工的情况 (3) 无视公司集体利益，做出有损公司形象的行为 (4) 不愿意承担责任，喜欢推卸责任，为了逃避责任怪罪他人 (5) 媚上欺下，欺骗组织，为了个人利益不惜损害他人或集体利益

4.2.2 顾客导向意识

如果只看名称，会觉得顾客导向意识是一种意识，好像不属于素质范畴，也不属于能力范畴。实际上，顾客导向意识属于一种能力。前文提过，每个岗位都有自己的顾客。顾客指的不仅是为公司产品或服务付费的人，所有处在岗位下游的，所有需要岗位服务或输出的，都可以被称为顾客。

顾客导向意识代表着岗位从业人员能够与顾客建立良好的关系，能够想顾客之所想，急顾客之所急，处处为顾客着想，满足顾客的需求，实现顾客的价值，赢得顾客的信赖，帮助顾客获得成功。当顾客有疑问时，能够第一时间做出响应，尽力帮助顾客解决问题。

顾客导向意识的描述如表 4-2 所示。

表 4-2 顾客导向意识的描述

级别	具体含义
3 级	(1) 与顾客建立起稳定的战略合作关系，并能长期维持 (2) 随时关注顾客的动态，总能在第一时间满足顾客的需求 (3) 当所有资源都无法满足顾客当前的需求时，能够引导顾客产生新的需求 (4) 能够帮助顾客理清思路，澄清需求，有创新地满足顾客的需求 (5) 顾客感觉非常满意
2 级	(1) 主动与顾客联络，与顾客建立信任关系，能够获得顾客的信任 (2) 能够及时获得顾客的相关信息，以便更好地服务顾客 (3) 理解顾客的需求，把解决顾客问题作为高优先级的工作 (4) 懂得善用资源，总能独立解决顾客的问题 (5) 顾客没有感受到不满意
1 级	(1) 能够及时发现顾客关心的问题，及时响应顾客提出的问题 (2) 能够理解顾客的需求，关注顾客的需求，可以满足顾客的需求 (3) 能够做到与顾客良好沟通，与顾客建立良好的关系 (4) 懂得动用当前资源，解答顾客的疑问，满足顾客的想法 (5) 当发现棘手的、难以解决的顾客问题时，能够及时上报
不具备	(1) 不关心顾客，不理解顾客，只会站在自身立场做事 (2) 顾客有问题时，不予理睬，不及时回应 (3) 消极对待顾客，不愿意或无法与顾客建立良好关系 (4) 不能感知和满足顾客的基本需求，排斥顾客的正常要求 (5) 对顾客的需求不能及时跟进，不尊重顾客，无法让顾客感受到诚意

4.2.3 沟通协调能力

沟通协调能力是一项所有岗位都需要具备的通用能力。任何岗位都需要与人打交道，都可能存在内部沟通对象（上级、平级、下级）和外部沟通对象（合作机构），只要需要与人打交道，就需要用到沟通协调能力。

沟通协调能力是一种有效倾听别人观点，有效表达本人观点，与对方达成共识，并建立长期稳定合作关系的能力。沟通协调能力要求具备大局意识，懂得换位思考，具备团队意识。好的沟通协调能力能够促进个人与他人和谐发展，能够提高个人的工作效率，能够实现组织与个人的双赢。

沟通协调能力的描述如表 4-3 所示。

表 4-3 沟通协调能力的描述

级别	具体含义
3级	（1）相信办法比困难多，积极乐观，引领团队内部的沟通协作 （2）为了促成工作效率提升，减少沟通内耗，懂得动用各类资源，迅速达成共识 （3）能够激励团队成员，促成团队氛围向积极的方向发展 （4）兼顾他人的利益，照顾他人的感受，能够不失原则地发现和聚焦共同价值 （5）展现出较强的影响力，能够发现问题的关键，看透事物的本质
2级	（1）懂得为了大局而妥协，懂得从集体利益出发思考问题 （2）在团队内部比较容易达成共识，愿意帮助别人 （3）面对沟通过程中的冲突能够妥善处理，理清思路 （4）表达时能够做到有理有据，有条理、有逻辑、有重点地表达观点 （5）能够获得团队成员的信任，与团队的协作能够做到稳固而紧密
1级	（1）没有任何交流障碍，能够清晰明确地表达思想 （2）懂得帮助别人，当别人主动沟通时，能够做好回应 （3）能够融入团队，凡事以团队利益为重 （4）在团队中担任某个角色，并能基本得到团队成员的认可 （5）懂得倾听，能够理解别人的意图，懂得换位思考，能够做到共情
不具备	（1）趋向于主观地、负面地揣测他人动机、评价他人行为，无法与他人和谐共处 （2）带着情绪工作，总是抱怨，满腹牢骚，负面情绪强烈 （3）喜欢推卸责任，怨天尤人，成绩都是自己的，问题都是别人的 （4）本位主义和自我意识强烈，不懂得倾听，不能理解别人的意图 （5）独来独往，我行我素，不愿沟通，不善表达

4.2.4 专业精深能力

每个岗位都有专业能力的要求。人们平时常说的业务能力强，其中的主要表现就是专业能力的精深程度。专业能力强的人，往往掌握更佳的方法，工作质量更高，更有可能为公司创造更大的价值。

专业精深能力代表着人们对专业的热爱、钻研与聚焦。专业精深能力指的是人们对自身的专业饱含热情、主动钻研，主动学习和提升专业能力，长期聚焦于自身的专业，追求精益求精，不断积累经验的能力。

专业精深能力的描述如表 4-4 所示。

表 4-4 专业精深能力的描述

级别	具体含义
3 级	（1）热爱专业，深信所在专业的发展空间，刻苦钻研专业领域知识 （2）抱着终身学习的信念研究本领域知识，期望成为本领域专家型人才 （3）对自身要求严格，主动自发学习，对自身的专业能力有很高的要求 （4）不仅当前的专业技术水平高，遇到问题还能刻苦钻研，能用专业能力解决问题 （5）不断进取，追求精益求精，追求同领域的最高绩效，追求本专业的最高水平
2 级	（1）对专业具备热情，能够持续做好本专业工作 （2）主动学习专业领域知识，积极争取学习资源，珍惜学习机会 （3）能够把所学的知识运用到实践工作中，成为专业能力的体现 （4）面对复杂的专业问题，愿意积极主动应对，能够攻坚克难，提升专业能力 （5）追求高绩效、高产出，追求效益和效率，追求在专业方面有突出表现
1 级	（1）接受自身的专业领域，愿意在专业领域有所发展 （2）愿意学习专业领域知识，能把握并认真对待统一组织的学习培训机会 （3）当工作所在的专业领域遇到难题时，能够主动查找问题所在，最终解决困难 （4）能够长时间坚持从事专业领域的工作，工作态度积极 （5）对工作成果有一定要求，期望创造价值，期望获得较好的组织评价
不具备	（1）对自身的工作缺乏热情，不愿意在工作上投入时间和精力 （2）不愿意提升专业能力，不愿专注于专业工作，在专业方面缺乏匠人精神 （3）在专业上不主动学习，不愿深入研究，故步自封，不思进取 （4）工作上出现问题不懂如何处理，用"当一天和尚撞一天钟"的心态对待工作 （5）专业能力差，对工作成果没有要求，对工作质量没有追求

4.2.5 解决问题能力

要做好本岗位工作，不仅要保证在正常情况下，岗位人员处理好工作事项，还要注意在异常情况下，能够及时处理各类突发状况。任何岗位都可能会出现各类无法预料的问题，面对这些问题，需要岗位从业者具备解决问题的能力。

解决问题的能力指的是能够提前发现或预知问题，或当问题出现时，能够客观理性地分析问题，能够发现问题的本质，能够找到问题的根源，能够运用自身的能力和当前的资源有效解决问题，并不因为问题解决的过程而产生其他负面效果的能力。

解决问题能力的描述如表4-5所示。

表4-5 解决问题能力的描述

级别	具体含义
3级	（1）不仅能解决本岗位相关问题，而且能帮助团队其他成员解决问题 （2）愿意把解决问题的方法与经验在团队内部分享，主动帮助他人解决问题 （3）能够解决多元、复杂、变化较大的问题，能够整合各类资源解决高难度问题 （4）能够高效、系统、全面、干净利落地解决问题，能够迅速聚焦问题核心 （5）能够形成标准化的流程或方法，降低问题再次发生的概率
2级	（1）不仅能及时发现问题，而且勇于承担解决问题的责任 （2）能在第一时间发现问题，并能在最短时间内尝试联络相关人员解决问题 （3）对解决问题具有较强的执行力，在解决问题的过程中愿意承担风险 （4）面对问题具有一定的独立思考能力，善于抓住问题的根本，提出解决方案 （5）对待工作中的问题有强烈的责任感，把组织的问题当成自己的问题来对待
1级	（1）主动发现工作中的问题，不回避问题 （2）积极参与分析问题的过程，为解决问题献计献策 （3）当问题有可能被独立解决时，动用个人的资源和能力，顺利解决问题 （4）对问题不隐瞒，当没有能力处理问题时，及时上报相关领导 （5）保持对问题的警惕性，当问题没有出现时，能够预测可能会发生的问题
不具备	（1）对问题不敏感，不能及时发现问题，或当问题出现时，意识不到问题的严重性 （2）不能及时处理问题，让问题持续发展，给个人或团队造成不必要的损失 （3）不知道如何分析问题，或分析问题时逻辑不清，找不到问题的根源 （4）面对问题怠于处理，不主动找解决方案，不具备处理问题的意识 （5）试图逃避问题，试图无视问题，推卸问题责任，不愿承担责任

4.3 某上市公司岗位胜任力模型构建应用

A公司是以线下超市连锁为主业，以区域一体化物流为支撑，以发展现代农业生产基地和食品加工产业链为保障，以经营生鲜为特色的全供应链、多业态的综合性零售渠道商。A 公司目前拥有直营连锁门店 750 家，员工 2 万余人，是所在区域快速消费品领域连锁零售的龙头公司。

A 公司从 1995 年开始发展，如今的年营业收入已经接近 150 亿元，会员人数超过 700 万人。店长作为 A 公司的中层管理者以及上传下达的战略执行者，是 A 公司最重要的管理岗位，店长的能力素质水平对 A 公司的发展、战略的实现起到至关重要的作用。

A 公司处在快速扩张期，每年净开新店数量超过 100 家，这就需要 100 名合格的店长做人才补充。如何招聘到合格的店长？如何有效培养店长？如何准确评价店长的工作？这些都要以岗位胜任力模型为基础开展实施。

本节将以 A 公司店长岗位为例，介绍 A 公司构建店长岗位胜任力模型的过程以及 A 公司对店长岗位胜任力模型的应用。

4.3.1 岗位胜任力模型的构建过程

A 公司的店长岗位分为两种：一种是直接管理线下门店经营工作的店长；另一种是管理某个区域所有门店经营工作的区域店长。A 公司通过总结归纳法中的行为事件访谈，同时考虑到公司对胜任力模型管理方式的把握以及实际运用的方便性，将区域店长与门店店长的胜任素质整体分为两大类——能力类要素和态度品质类要素。

能力类要素指的是岗位所需要的核心的、稳定的、对工作绩效起关键作用的能力，是一个人出色完成本岗位工作应该具备的能力。态度品质类要素指的是该岗位所需要的个人特质，是一个人出色完成本岗位工作的内在品质与动机。

1. 胜任力模型要素概况

能力类和态度品质类要素名称和定义如表 4-6 所示。

表4-6　A公司店长胜任力模型要素名称及定义

类别	要素名称	要素定义
能力类	组织领导力	在公司发展战略指导下，设定科学合理的工作目标，通过合理组织调度人、财、物资源，带领团队及时、高质量完成业绩目标
能力类	执行力	坚决贯彻公司规章制度、经营标准、管理规范与业绩目标，细化与规范业务流程，保质保量及时完成绩效目标
能力类	团队建设与凝聚	促进冲突的有效解决，营造高效、合作、和谐的工作氛围，培养员工的合作精神与团队精神
能力类	培训与发展他人	发现员工工作中的不足，并及时给予培训与指导，帮助员工学习与进步
能力类	沟通协调能力	积极主动与顾客、员工、集团进行沟通，发现问题并追溯源头予以解决
能力类	销售能力	做好周边市场以及竞争对手分析，挖掘顾客需求，采取差异化策略，进行有效产品促销与销售
能力类	业务能力	熟悉业务、掌握与职责有关的知识与技能
能力类	数据分析应用能力	精通数据统计与分析，挖掘有价值信息，发现潜在问题，并将分析结论运用到实际工作中，提升门店经营业绩
态度品质类	诚信自律	对待顾客、员工、公司诚实守信，不弄虚作假，不侵占公司财产、不接受不正当好处与利益
态度品质类	责任感	工作勤奋、主动、尽职尽责，面对困难勇于承担责任
态度品质类	成就导向	保持不满足于现状的心态，不断学习，寻求个人与工作的进一步发展，甚至超越优秀标准

2.胜任力模型等级

区域店长和门店店长在各个胜任力模型要素的等级要求上也存在差异，如表4-7所示。

表4-7　A公司店长胜任力模型要素等级

类别	要素名称	区域店长等级要求	门店店长等级要求
能力类	组织领导力	4	3
能力类	执行力	3	3
能力类	团队建设与凝聚	3	3
能力类	培训与发展他人	3	3
能力类	沟通协调能力	4	3
能力类	销售能力	4	2
能力类	业务能力	4	4
能力类	数据分析应用能力	4	3
态度品质类	诚信自律	3	2
态度品质类	责任感	3	3
态度品质类	成就导向	2	—

区域店长胜任力模型等级如图4-1所示。

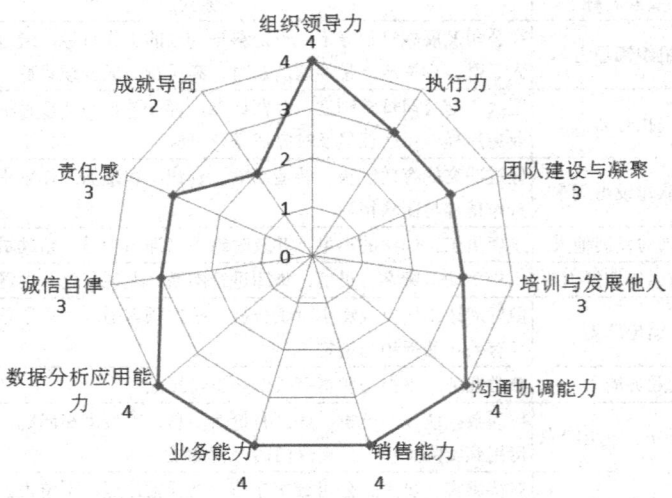

图4-1 区域店长胜任力模型等级

门店店长胜任力模型等级如图4-2所示。

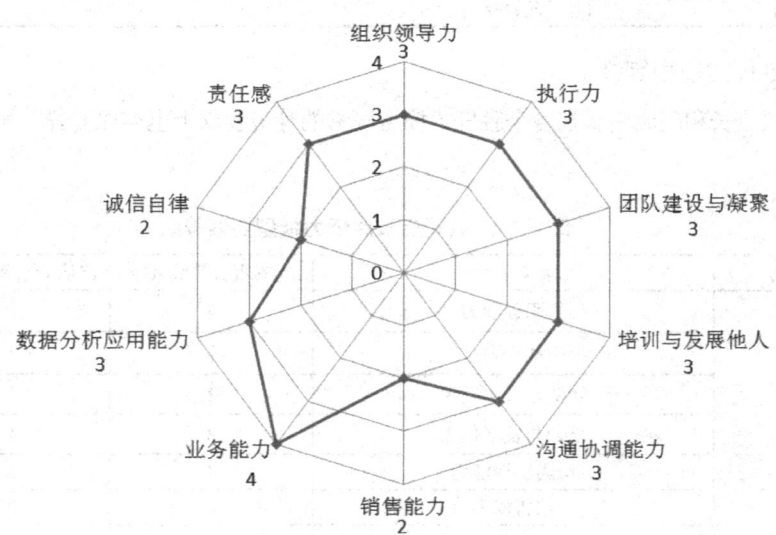

图4-2 门店店长胜任力模型等级

3.胜任力模型等级要素描述

组织领导力要素定义：在公司发展战略指导下，设定科学合理的工作目标，通过合理组织调度人、财、物资源，带领团队及时、高质量完成业绩目标。具体等级及行为描述如表 4-8 所示。

表 4-8 组织领导力等级及行为描述

等级	等级描述	行为描述
等级 1	比较合理地分解目标、调度资源	（1）根据公司年度经营计划与发展战略，确定门店年度业绩目标，并自上而下对业绩目标进行比较合理的季度、月度分解 （2）基本能合理分配门店工作任务，明确每个阶段、每个岗位的工作目标以及完成时间 （3）以目标责任与制度的方式督促员工完成预定目标 （4）预估每项工作所需时间与其他资源，明确每一步的时间节点和物资要求 （5）能够根据已有的信息做出初步的判断、决策，但可行性一般
等级 2	持续跟踪，合理利用资源	（1）能够制定与实现自己的工作目标 （2）制定计划以及进行门店目标分解时，考虑门店人员配置、实际营运能力等要素 （3）善于挖掘潜在信息做出判断、决策，比较周全，但决策的灵活性有待提高 （4）做好各个阶段工作的跟踪与指导工作，对落后计划的班组与个人予以指导与帮助，并分析实际落后于计划的原因，解决存在的问题 （5）在完成工作目标的过程中，合理调度资源，确保工作有序进行 （6）以公平激励、奖惩等多种方式来督促员工完成工作
等级 3	带领团队成员积极主动完成目标	（1）辨别可能遇到的障碍和变化，调整执行的优先顺序 （2）根据外部环境变化，调整完成工作目标的方式方法 （3）关怀与教育员工，激发员工工作热情，树立店长权威，带领团队成员克服困难完成工作目标 （4）鼓励员工提出建议，参与目标的设定以及任务计划的编制，对目标达成一致意见 （5）能够把握全局信息做出果断决策，灵活变通，决策的可行性、周全性强
等级 4	彰显个人魅力、领导团队高效、超前完成目标	（1）加强个人品德修养，培养个人魅力 （2）对完成目标充满信心，当没有方法或经验可循时尝试各种可能性，不轻言放弃 （3）运用各种资源强化个人与团队对高挑战目标的信心 （4）合理部署各方面资源，设定紧急预案，确保重大变故下资源的迅速反应与及时调配

执行力要素定义：严格贯彻公司规章制度、经营标准、管理规范与业绩目标，细化与规范业务流程，保质保量及时完成绩效目标。具体等级及行为描述如表 4-9 所示。

表 4-9 执行力等级及行为描述

等级	等级描述	行为描述
等级 1	落实制度、流程，基本完成业绩目标	（1）将公司的规章制度及时传达给下属 （2）能执行公司的决定，不拖拖拉拉 （3）将公司规章制度与标准业务流程基本贯彻落实到员工具体工作过程中 （4）基本完成业绩目标，业绩目标达成率达到 80%
等级 2	崇尚效率，落实比较坚决	（1）向员工强调标准化业务流程、工作规范 （2）对于违反工作流程、公司规范的行为坚决予以反对，并明确指出 （3）积极调度资源，完成总部与区域促销、销售等活动 （4）业绩目标达成率达到 90%
等级 3	流程细化，提升运营效率	（1）完全按照公司标准业务流程来要求员工 （2）进一步细化工作流程，规范员工工作行为 （3）坚决贯彻公司政策、工作标准、经营规范，如有意见通过正当渠道向公司反映，决不在下属面前表现出对总部决策的不满 （4）及时、高质量完成业绩目标，不仅关注结果，同时关注完成的过程，业绩目标达成率达到 100% 或者更高
等级 4	将规范业务流程转化为员工的自发行为	（1）在门店内形成遵守工作标准的工作氛围 （2）提倡员工提出改进业务流程的建议 （3）对执行标准业务流程的员工予以适当激励 （4）尝试细化业务流程，并将成熟的流程反映给公司进行推广 （5）业绩目标达成率达到 110% 或者以上

团队建设与凝聚要素定义：促进冲突的有效解决，营造高效、合作、和谐的工作氛围，培养员工的合作精神与团队精神。具体等级及行为描述如表 4-10 所示。

表 4-10 团队建设与凝聚等级及行为描述

等级	等级描述	行为描述
等级 1	消除不利于团队合作的因素	（1）重视团队成员的公平感，选择合适的方式实施奖惩，以避免对其他人产生消极影响 （2）不回避团队的内部冲突与矛盾，及时出面协调，保证工作顺利进行 （3）大部分情况还是以自身的权限来要求员工工作 （4）对于员工的意见没有主动询问 （5）向团队成员宣讲公司的制度和工作方式，获取他们的理解和支持

续表

等级	等级描述	行为描述
等级2	鼓励团队成员的相互融合	（1）对人不是压服，而是感动与说服 （2）在解决矛盾的同时增进团队成员间相互理解 （3）习惯用积极的语言表达对团队成员的期望 （4）对低绩效员工不轻易否定，帮助员工认识到自己的问题，并给予改进机会
等级3	鼓励员工参与团队管理	（1）能够确立明确的团队目标，能够及时发现团队中存在的问题并采取有效的措施予以纠正，关注实施的成效 （2）调动下属发言，对不愿发言的人进行鼓励，鼓励员工对店面管理提出合理化建议 （3）用人之长，主动为团队成员创造发挥自身能力的机会 （4）让绩效评价结果客观地体现下属对组织/团队的价值贡献
等级4	用愿景鼓舞团队，营造互信团队氛围	（1）设立清晰的发展目标或愿景，形成统一、明确的团队共同目标，获得团队成员的认可和接纳 （2）在组织/团队处于逆境或危机时，仍能持续地向他人传递信心和勇气，表达乐观积极的信念 （3）在工作中，持续不断地营造积极向上、相互信任、相互支持的组织文化或团队氛围

培训与发展他人要素定义：发现员工工作中的不足，并及时给予培训与指导，帮助员工学习与进步。具体等级及行为描述如表4-11所示。

表4-11 培训与发展他人等级及行为描述

等级	等级描述	行为描述
等级1	授权意识弱，指导较少	（1）授权意识较弱，很少提供指导性建议 （2）发现下属在工作中存在的问题，并提醒其下次注意 （3）在员工遇到难题时给予帮助和指导，指导其完成任务
等级2	授权意识一般，及时指导	（1）授权意识一般，授权较为合理，能够根据实际情况提供一些指导性的建议 （2）通过示范和详细讲解操作步骤的方式帮助下属掌握工作技能 （3）定期轮流对各个柜组主管、员工进行培训。了解下属需求，指导下属工作

续表

等级	等级描述	行为描述
等级3	适度授权，协助员工成长	（1）授权意识较强，能够进行适当、合理的授权，能够根据实际情况提供明确的指导性建议，并给予监督与指导 （2）定期向员工反馈他们的工作表现情况，使员工及时了解自己的长处与短板、问题所在，并不断激励他们完成最好的业绩 （3）识别根本性的培训需求，提供针对性的培训 （4）让下属承担更多的责任，提供锻炼和发展的机会，鼓励下属不断提升自己，并关注其长期的职业发展
等级4	完善能力培养机制	通过设定能为下属提供发展空间或平台的政策来培养他们，从整体角度——整个门店、整个公司的角度考虑人才培养问题，而不是从个人的角度

沟通协调能力要素定义：积极主动与顾客、员工、集团进行沟通，发现问题并追溯源头予以解决。具体等级及行为描述如表4-12所示。

表4-12 沟通协调能力等级及行为描述

等级	等级描述	行为描述
等级1	表达清楚、减少纠纷	（1）沟通能力一般，基本能准确地表达个人想法 （2）能够维持较简单的工作关系 （3）基本能够清晰流利地表达自己的观点，并被顾客、员工理解 （4）在沟通过程中一般能够把握关键信息，注意对方的事实与信息 （5）基本能够将复杂的问题用简单的语言表达出来 （6）与顾客有效沟通，在发生顾客投诉纠纷时，减少冲突的发生与防止事态的扩大
等级2	善于沟通，有效解决纠纷（让顾客满意）	（1）沟通能力较强，基本能简洁、准确地表达个人想法，逻辑性一般 （2）能利用各种技巧建立并维持工作关系网络 （3）能较好地表达自己的观点与看法，并对他人产生正面影响 （4）能够选择比较合适的沟通渠道与员工、顾客进行沟通 （5）大多数情况下能够总结顾客、员工表达出来但是零散的意思 （6）在遇到顾客投诉或者纠纷时，与顾客进行有效沟通，及时有效地解决问题
等级3	良好沟通，廉价解决纠纷（低成本）	（1）沟通能力很强，能简洁表达个人想法，语言表达准确，逻辑性强 （2）能够运用各种技巧建立、维持并扩大自己的人际关系网络，掌握人际交往的原则 （3）具备较强的人际沟通意识和公关意识，能够运用各种技巧促进沟通 （4）先聆听然后总结对方的谈话要点，之后开发表自己的独立见解 （5）能够很有逻辑地用别人可以理解的方式表达自己的想法 （6）倾听各种不同的意见，用具有说服力的论据清晰阐述自己的观点，力求让别人接受，以便达成共识 （7）当发生顾客投诉等突发事件时，能够站在公司的角度处理问题，在不影响公司形象的基础上，使公司利益损失最小

续表

等级	等级描述	行为描述
等级4	精于沟通，创造性解决纠纷（让顾客满意＋低成本）	(1) 通过观察感知对方的情绪、语调、面部表情等能够领会别人没有直接表达出来的意思 (2) 针对沟通对象的不同，对需要沟通的信息进行筛选 (3) 恰当地引用例子与论据，就敏感问题（如薪酬）与各个层次对象进行有效沟通 (4) 巧妙地借助第三方或者专家表达自己的意思 (5) 在公司建立正式的双向沟通渠道，并监督其运行效果 (6) 创造性地解决顾客纠纷、突发事件，避免对公司形象与利益的负面影响，同时做到保持甚至提升顾客忠诚度

销售能力要素定义：做好周边市场以及竞争对手分析，挖掘顾客需求，采取差异化策略，进行有效产品促销与销售。具体等级及行为描述如表4-13所示。

表4-13 销售能力等级及行为描述

等级	等级描述	行为描述
等级1	周边市场分析，贯彻公司营销活动	(1) 定期与周边顾客进行沟通，了解顾客的需求 (2) 听取顾客的建议与要求，改进门店工作 (3) 理解公司自主品牌、代销品牌产品的价格、质量、功能等信息 (4) 在区域与公司的统一要求下做好节假日和平时的促销活动以及促销活动的宣传工作
等级2	把握消费者的消费趋势，调整产品销售策略	(1) 经常与不同类型的顾客进行沟通，把握消费者的消费趋势 (2) 根据顾客需求，进行合理的商品排列、价格调整（门店能够自主调整的商品）、商品组合 (3) 对区域竞争对手进行调查与分析，采取有针对性的策略 (4) 在工作中贯彻并向员工反复强调"用户至上，用心服务" (5) 处理好与顾客的关系，获得顾客的尊重与信任
等级3	深入挖掘顾客需求信息，满足顾客潜在需求	(1) 进行深入的市场调查研究，分析顾客潜在需求，主动激发顾客潜在需求，激发顾客消费欲望 (2) 全员营销，做好周边市场、顾客的产品宣传工作，提升门店的知名度 (3) 分析新顾客、年轻顾客特点，创新工作方法、营销手段，吸引新顾客 (4) 针对不同的顾客群体选择不同的宣传广告与促销方案 (5) 进行充分的竞争对手调研，通过产品、价格、渠道、品牌对比，调整门店销售策略，吸引竞争对手顾客
等级4	发现别人未发现的市场规律，提高销售业绩	(1) 持续关注顾客需求变化，尝试营销手段的创新 (2) 形成门店产品营销独有的竞争力，并将这种竞争力传递给公司其他门店 (3) 发掘市场、顾客消费规律，实现销售业绩的不断提升 (4) 与顾客形成战略合作关系

业务能力要素定义：熟悉业务、掌握与职责有关的知识与技能。具体等级及行为描述如表 4-14 所示。

表 4-14　业务能力等级及行为描述

等级	等级描述	行为描述
等级 1	掌握基本的知识与技能	（1）了解零售行业、零售公司的动向与知识 （2）观察能力弱，不能发现较为明显的细节或错误 （3）基本具备零售公司门店经营管理知识与技能以及基本的财务知识 （4）基本具有销售管理方面的知识与技能 （5）基本熟悉各个柜组的业务流程与操作规范 （6）基本掌握信息、财务、物流配送、排班、商品陈列等基本门店业务
等级 2	业务能力较强，能学习业务知识与技能	（1）比较熟练掌握各个柜组的工作标准与规范 （2）观察力一般，能够发现明显的细节或错误 （3）比较注重精细化管理，减少损耗，降低成本 （4）偶尔学习先进的门店管理与运营的知识与技能，与公司发展、行业发展同步
等级 3	熟练掌握业务流程，不断学习知识与技能	（1）熟练掌握各个柜组的工作标准与规范，并能够规范实施 （2）观察力较强，能够发现 80% 以上的错误细节 （3）精通各个业务知识与技能，能够发现门店运作过程中存在的问题，并将问题分门别类整理，进行指导 （4）虚心向先进门店学习，将先进门店的做法与门店现有做法进行有效整合，提升门店的运作效率与盈利能力
等级 4	精通业务知识与技能	（1）创新流程与方法，注重每一个环节，损耗率明显低于其他门店 （2）将业务知识与经验进行总结，实现团队分享 （3）观察力很强，能够发现 90% 以上的错误细节 （4）在对门店各个业务知识与技能精通的基础上，能够对各个业务进行梳理与整合，分清主次，实现各个业务之间的有效衔接与运作

数据分析应用能力要素定义：精通数据统计与分析，挖掘有价值信息，发现潜在问题，并将分析结论运用到实际工作中，提升门店经营业绩。具体等级及行为描述如表 4-15 所示。

表 4-15　数据分析应用能力等级及行为描述

等级	等级描述	行为描述
等级 1	能简单操作计算机，会看报表	（1）能简单操作计算机，使用 Excel 等基础工具 （2）对数据比较敏感，例如，销售总额、柜组销售比重、商品销售排行、毛利率等，基本能够看懂各种报表
等级 2	比较熟练操作计算机，会分析报表	（1）能够操作计算机，掌握一些基本的计算机操作常识 （2）通过报表分析，能够发现数据的趋势与特征，发现问题并查找出原因 （3）通过数据结论，一般能把握事物的发展趋势与特征

续表

等级	等级描述	行为描述
等级3	报表分析准确,并将结论运用到实际工作中	(1) 通过数据分析,发现事物之间的内在联系与因果关系 (2) 通过数据分析,得到可靠的结论与建议 (3) 能够将数据的结论运用到实际的工作过程中,对工作改进与销售量提升起到一定作用
等级4	总结先进数据分析思维,并在公司内传递、共享,提升公司整体数据分析能力	(1) 善于把结论运用到实际工作过程中,并取得极大的工作改进与提升 (2) 总结数据分析的经验与技巧,形成有效的方法与分析思路 (3) 实现数据分析结果与实际工作应用的无缝衔接,有效提升团队工作质量与业绩 (4) 定期将数据分析的先进思维与应用经验进行总结,并在团队中分享,为公司数据分析能力的提高做出突出贡献

诚信自律要素定义:对待顾客、员工、公司诚实守信,不弄虚作假,不侵占公司财产、不接受不正当好处与利益。具体等级及行为描述如表 4-16 所示。

表 4-16 诚信自律等级及行为描述

等级	等级描述	行为描述
等级1	自我约束能力一般,偶尔需要监督	(1) 自我约束能力一般,偶尔也会偷懒 (2) 对公司诚实,各种信息、报表不弄虚作假 (3) 基本不接受供应商、顾客等给的不正当利益 (4) 对顾客诚实守信,承诺的一般都能做到,不欺瞒顾客 (5) 一般提供事件的正确信息,不夸大或者缩小事实
等级2	自我约束能力较强,无须监督	(1) 自我约束能力较强,无须监督 (2) 对公司诚信,各种信息、报表从不弄虚作假 (3) 从不接受供应商、顾客的不正当利益 (4) 对顾客诚信,承诺的总能做到,不欺瞒顾客 (5) 工作主动,即使是在没人监督的情况下依然兢兢业业 (6) 坚持公司的规章制度,揭露公司他人不诚信、违规收取非正当利益的行为,即使是私人感情较好的人
等级3	自我约束能力很强,完全不需要监督	(1) 主动向领导、公司反映工作中存在的问题,即使是在问题不可能被发现或者没有被要求的情况下 (2) 在与员工或顾客交流过程中,除了宣传会带来的好处外,也要告诉别人要付出的代价或可能带来的影响 (3) 诚信自律,影响他人,形成诚信自律的工作氛围 (4) 建立自我约束的制度与机制,接受员工的监督 (5) 透明化工作与业务流程,消除贪污盲区

责任感要素定义:工作勤奋、主动、尽职尽责,面对困难勇于承担责任。具体等级及行为描述如表 4-17 所示。

表 4-17 责任感等级及行为描述

等级	等级描述	行为描述
等级 1	工作态度一般，承担分内事务	（1）工作态度一般，一般能按时审核库存盘点情况，巡视商品陈列、质量、损耗情况，做好资金管理工作 （2）工作效率一般，在上班时间按规定完成任务 （3）一般能承担分内的责任与工作职责 （4）重要任务准备工作一般比较充分
等级 2	工作态度较好，主动承担任务	（1）工作态度较好，总能按时审核库存盘点情况，巡视商品陈列、质量、损耗情况，做好资金保管工作 （2）工作态度较好，主动承担分内的工作职责 （3）重视与他人职责有交叉的工作，大部分情况能考虑到个人的工作结果对他人的影响，做好相关的铺垫与准备 （4）当个人利益与公司利益出现矛盾时，大部分情况能调整个人行为或牺牲部分个人利益，以保证公司利益实现
等级 3	工作态度积极，勇于承担责任	（1）工作积极主动，主动承担职责不清的任务 （2）工作效率高 （3）在完成本职工作的同时，关注团队工作效率的提升，主动采取行动帮助团队成员提高工作质量或工作效率 （4）察觉到不利于团队工作开展的问题时，主动思考并采取行动促进团队工作效率的提升 （5）在高压力情况下，能够不受外界因素的影响，坚持有利于组织与团队的选择 （6）面对权威时，敢于表达不同意见，提醒其可能忽略的风险 （7）分享自己的成功经验与工作方法，将其变成公司的能力

成就导向要素定义：保持不满足于现状的心态，不断学习，寻求个人与工作的进一步发展，甚至超越优秀标准。具体等级及行为描述如表 4-18 所示。

表 4-18 成就导向等级及行为描述

等级	等级描述	行为描述
等级 1	积极投入，不止步于已有的成绩	（1）不满足于达到基本的工作标准，主动提高对自己和团队工作的目标及绩效要求 （2）不止步于达到上级制定的目标，主动提高自己的工作标准与要求 （3）不满足于已有的成绩，对比绩优者水平主动改进不足之处 （4）在有压力的情况下，保持正常工作水准，确保工作完成
等级 2	突破自身的现有水平	（1）提出高于自身能力的工作或发展目标，并付出额外的努力予以实现 （2）根据目标/要求努力调整个人状态，采取具有突破性（改变习惯/现状）的行动 （3）主动尝试新的方法或思路，促进能力的提升或效率的提高，努力让绩效水平达到更高的水准

续表

等级	等级描述	行为描述
等级 3	保持永不满足的心态，不断超越目标与标杆	（1）以目标与理想（标杆）的要求作为行为标准，持续付出努力，不断改进与突破自己以接近理想的要求 （2）保持超越自我的心态，不断设定高于目前水平的目标并努力超越 （3）始终以自己所知的最高水准为目标，并采取行动努力超越 （4）做事力求完美，即使在他人认为不可能时，仍能尽力争取达成目标

4.3.2 岗位胜任力模型在招聘选拔中的应用

A 公司完成店长岗位的胜任力模型构建后，在招聘选拔中，对胜任力模型的应用主要在笔试和面试两个环节上。各胜任力模型要素的评价方式如表 4-19 所示。

表 4-19 A 公司店长岗位各胜任力模型要素对应的评价方式

评价要素	评价方式	备注
组织领导力	半结构化面试	每年根据公司基础访谈记录、绩效沟通与反馈记录及时对题库进行更新
执行力	半结构化面试	
团队建设与凝聚	半结构化面试	
培训与发展他人	半结构化面试	
沟通协调能力	半结构化面试	
销售能力	半结构化面试	
业务能力	笔试	公司自编考试题库（数据分析案例，每年更新与补充题目）
数据分析应用能力	笔试	
诚信自律	16PF 个性特征测试 + 面试	
责任感	16PF 个性特征测试 + 面试	

1. 店长个性测试题

关于"诚信自律"和"责任感"两项要素评价方式的测试题如表 4-20 所示。

表 4-20 A 公司店长岗位个性特征测试题

本测试包括一些有关个人兴趣、爱好的问题,每个人对这些问题会有不同的看法,答案没有对错之分,请不要有任何顾虑,也不必对题目花费过多的时间斟酌,看清题意后就立即作答,尽量不要选择中间答案,你有 5 分钟的时间作答

题目	阅读下列选项 在答案一列选择
1. 我很了解本测试说明	A 是的 B 不一定 C 不是的
2. 我对本测试的每道题目都能做到如实作答	A 是的 B 不一定 C 不是的
3. 我有能力应付各种困难	A 是的 B 不一定 C 不是的
4. 即使是关在铁笼里的猛兽,也会使我惴惴不安	A 是的 B 不一定 C 不是的
5. 如果我到了一个新环境,我要把生活安排得	A 和从前不一样 B 不确定 C 和从前相仿
6. 在一生中我觉得自己能达到所预期的目标	A 是的 B 不一定 C 不是的
7. 现在我依然敬佩小学时候敬佩的老师	A 是的 B 不一定 C 不是的
8. 不知道为什么,有些人总是回避或冷淡我	A 是的 B 不一定 C 不是的
9. 我虽然善于待人,但常常得不到好报	A 是的 B 不一定 C 不是的

续表

题目	阅读下列选项 在答案一列选择
10. 我在大街上常常避开我不愿意打招呼的人	A 是的 B 不一定 C 不是的
11. 当我聚精会神地听音乐时,假如有人在我旁边高谈阔论	A 我仍能专心听音乐 B 介于 A 与 C 之间 C 我不能专心并感到恼怒
12. 无论在什么地方,我都能清楚地知道方向	A 是的 B 介于 A 与 C 之间 C 不是的
13. 我热爱我所学的专业和从事的工作	A 是的 B 介于 A 与 C 之间 C 不是的
14. 生动的梦境,经常影响我的睡眠	A 经常如此 B 偶尔如此 C 从不如此
15. 气候的变化,不会影响我的情绪	A 是的 B 介于 A 与 B 之间 C 不是的
16. 当我见到亲朋好友或邻居吵架时	A 我总是任其自己解决 B 介于 A 与 C C 我总是予以劝解
17. 如果别人知道我内心的成见,他们会大吃一惊	A 是的 B 不一定 C 不是的
18. 我喜欢从事需要精密技术的工作	A 是的 B 介于 A 与 C 之间 C 不是的
19. 我认为对领导逢迎得当比工作表现更重要	A 是的 B 介于 A 与 C 之间 C 不是的
20. 每当做一件困难工作时,我	A 总是预先做好准备 B 介于 A 与 C 之间 C 相信到时候总会有办法解决

续表

题目	阅读下列选项 在答案一列选择
21. 业余时间，我总是做好安排，不浪费时间	A 是的 B 介于 A 与 C 之间 C 不是的
22. 我明知自己的优缺点，但不愿接受别人的批评	A 偶尔如此 B 不太确定 C 不是的
23. 我总是把"是、非、善、恶"作为处理问题的原则	A 是的 B 介于 A 与 C 之间 C 不是的
24. 我做事严格，力求把事情做得尽善尽美	A 是的 B 介于 A 与 C 之间 C 不是的
25. 在取回或归还借的东西时，我总是仔细检查，看是否保持原样	A 是的 B 介于 A 与 C 之间 C 不是的
26. 我常常会无缘无故地自言自语	A 常常如此 B 偶尔如此 C 从不如此
27. 无论是工作、饮食或外出游览	A 我总是匆匆忙忙，不能尽兴 B 介于 A 与 C C 我总是从容不迫
28. 在游览时，我宁愿参观一个画家写生，也不愿听人家辩论	A 是的 B 不一定 C 不是的
29. 在需要当机立断时，我总是	A 镇静地运用理智 B 介于 A 与 C C 非常紧张与兴奋
30. 在人声嘈杂中，我仍能不受干扰，专心工作	A 是的 B 介于 A 与 C 之间 C 不是的

续表

题目	阅读下列选项在答案一列选择
31. 当朋友声明他要在家休息时，我总是设法说服他同我到外面游览	A 是的 B 不一定 C 不是的
32. 尽管一些同事与我意见不合，但我仍然能跟他协作	A 是的 B 不一定 C 不是的
33. 我在工作和学习上总是设法使自己不粗心大意、忽略细节	A 是的 B 介于 A 与 C 之间 C 不是的
34. 我宁愿选择一个工资高的工作，不在乎是否有保障，也不愿意做工资低的固定工作	A 是的 B 不确定 C 不是的
35. 在参加讨论时，我总是能坚持自己的立场	A 经常如此 B 一般如此 C 必要时才会如此
36. 如果有机会	A 我愿意到一个繁华的城市去旅行 B 介于 A 与 C 之间 C 我愿意游览清静的山区
37. 如果我在工厂工作，我愿意做	A 技术性的工作 B 介于 A 与 C C 宣传科工作
38. 在阅读时，我愿阅读有关	A 太空旅行的书籍 B 不确定 C 家庭教育书籍
39. 如果待遇相同，我愿做	A 森林管理员 B 不一定 C 中小学教员
40. 每逢过节或亲友结婚时，我	A 喜欢赠送礼品 B 不确定 C 不愿互送礼品

续表

题目	阅读下列选项 在答案一列选择
41. 如果待遇相同	A 我愿做一个化学研究工作者 B 不确定 C 我愿做一个旅行社经理
42. 如果让我选择，我宁愿做	A 列车员 B 不确定 C 描图员
43. 如果待遇相同，我愿做一个	A 律师 B 不确定 C 航海员
44. 根据我的兴趣爱好，我愿参加	A 摄影活动 B 不确定 C 文娱活动
45. 下列工作如果任我选择，我愿做	A 少先队辅导员 B 不确定 C 修表工作

本测试是从国内外比较成熟的卡特尔 16 种性格因素测评量表（16PF 量表）中抽取的一部分测试题目，题目涉及四个大的测评维度，分别是稳定性（3～15 题）、有恒性（16～25 题）、自律性（26～35 题）与乐群性（36～45 题），具体说明如表 4-21 所示。

表 4-21　16PF 测试题说明

测评维度	作用	高分者特征	对应题目	记分方式
稳定性	情绪控制能力	情绪稳定而成熟，能够面对现实	3～15 题	选对加 1 分，否则为 0 分
有恒性	做事是敷衍还是负责	做事负责、做事尽职尽责	16～25 题	选对加 2 分，选 B 加 1 分，否则为 0 分
自律性	被测者的自律情况	识大体、自律严谨	26～35 题	选对加 2 分，选 B 加 1 分，否则为 0 分
乐群性	与外部环境的适应、交流情况	外向、热情、乐群，适合做管理、营销与销售工作	36～45 题	选对加 2 分，选 B 加 1 分，否则为 0 分

16PF 测试题统计样表如表 4-22 所示。

表 4-22　16PF 测试题统计样表

	对应题目	3	4	5	6	7	8	9	10	11	12	13	14	15
稳定性	对应选项													
	对应得分													
有恒性	对应题目	16	17	18	19	20	21	22	23	24	25			
	对应选项													
	对应得分													
自律性	对应题目	26	27	28	29	30	31	32	33	34	35			
	对应选项													
	对应得分													
乐群性	对应题目	36	37	38	39	40	41	42	43	44	45			
	对应选项													
	对应得分													

16PF 测试题答案如表 4-23 所示。

表 4-23　16PF 测试题答案

稳定性	3	4	5	6	7	8	9	10	11	12	13	14	15
	B	B	B	C	B	C	B	C	B	B	C	A	A
有恒性	16	17	18	19	20	21	22	23	24	25			
	C	C	A	C	A	A	C	A	A	A			
自律性	26	27	28	29	30	31	32	33	34	35			
	C	C	A	A	A	C	A	C	A	A			
乐群性	36	37	38	39	40	41	42	43	44	45			
	A	C	C	C	A	C	A	A	C	A			

比照答案，将各应试者的各维度的得分进行计算，每个维度分别统计，并对应聘人员进行各个维度的排序。将那些各项得分明显偏低（明显低于平均分）的应聘者列入可考虑淘汰人选，并对其他人员各个维度成绩排名进行统计，同时将成绩转化为百分制，并在表中列出。结合笔试成绩排名，按照招聘人数 3∶1 的比例筛选出

进入下轮面试的初试者，应聘者较少时可考虑让其直接进入下轮面试。

2. 店长面试问题

店长面试采用半结构化面试，根据岗位胜任力要素分别设计题目，各面试官针对每项评价要素独立打分。对于第一名应聘者可以适度讨论。面试问题如表4-24所示。

表4-24 店长面试问题样表

评价要素	权重	对应问题	其他问题	评价要点
沟通协调能力	15%	请简单做下自我介绍 之前你在自己的工作岗位上都取得了哪些令你自豪的业绩	针对候选人的工作经历灵活提问，提问过程坚持STAR原则（事件发生的情景、当时的想法、采取的措施、影响、结果等）	礼貌、表达流利、沟通能力较强、有目光交流、反应迅速、论点有说服力等
销售能力	10%	在搬运货架的过程中，货架上的一个钉子把一名顾客刚买的价格不菲的裤子给刮破了，你作为店长应该怎么办		之前工作业绩 销售基本知识 顾客导向
组织领导力	15%	你在以往的工作中是如何去约束下属的，是如何去调动他们的积极性的		激励他人、合理分配目标、跟踪进度、影响他人
执行力	10%	举个例子来说明一下你曾经做过的一个成功计划及实施过程		任务分配合理、遵守公司规章制度、工作有效率等
团队建设与凝聚	15%	刚到一个新店，店里的员工不服你，作为店长你会怎么办		团队合作、同事关系和谐、公平激励等
培训与发展他人	10%	你认为上司应该通过什么方式来帮助下属成长		给别人以指导 适度授权、鼓励他人等
诚信自律	5%	你认为现代社会中一个人最重要的品质是什么？为什么		诚实、严格要求自己
责任感	5%	完成不了工作任务时，你会如何处理		敢于承担、负责到底、协助他人等
业务能力	10%	笔试		
数据分析应用能力	5%			

面试评价结果如表4-25所示。

表 4-25 面试评价结果

类别	要素名称	优秀 （90～100）	良好 （80～90）	中等 （70～80）	一般 （60～70）	不具备 （60 以下）	备注
能力类	组织领导力						
	执行力						
	团队建设与凝聚						
	培训与发展他人						
	沟通协调能力						
	销售能力						
态度品质类	诚信自律						
	责任感						

甄选结果统计：由招聘专员对面试结果进行统计，确定初步人选，将统计结果提交给招聘经理，招聘经理审核无误后，交人力资源总监确认。

4.3.3 岗位胜任力模型在员工培训中的应用

A 公司根据店长岗位胜任力模型，了解现任店长还存在哪些不足，制定相应的培训计划。其应用的体现方式主要是在年末店长的培训需求分析中。同时，对于培养过程中的储备店长，A 公司按照岗位胜任力模型的各项要素制定培训课程和培训计划。

1. 对现任店长的培训需求

通过制作调查问卷，了解店长在日常经营管理实践中所面临的困难，其统计结果用于店长培训需求的分析与下一年度店长培训计划的制定，请在岗的所有店长作答。作答方式为在相应选项处打"√"。

店长培训需求调查表如表 4-26 所示。

表 4-26 店长培训需求调查表

题目	总会这样	大多数时候会	偶尔会	不知道	不会
A1 我能够合理分解门店经营业绩目标					
A2 我能够合理安排门店人、财、物资源					
A3 我在门店中很有威信					
A4 我能让员工自己积极主动完成个人目标					
A5 我会将员工工作的阶段成果及时反馈给他们					
B1 员工知道公司的规章制度、重要决策					
B2 员工按照公司规定的工作流程工作					
B3 员工主动提出改进业务流程的建议					
C1 员工非常团结、没有冲突与矛盾					
C2 我与员工相处得很愉快					
C3 在团结员工方面我感觉很吃力					
C4 我知道如何激励员工，满足他们的需求					
D1 在我的帮助下员工成长迅速					
D2 我知道如何培训与发展员工					
D3 将一些重要的工作交给主管我不放心					
D4 在帮助员工职业发展方面我感觉很吃力					
E1 我能清晰地表达自己的观点，并被顾客、员工认同					
E2 在沟通中我知道顾客、员工的想法					
E3 对他人的一些表情、动作，我理解其深层次含义					
E4 在处理顾客纠纷方面我很擅长					
F1 在促销方面我很擅长					
F2 对周边市场、顾客消费情况我很了解					
F3 我知道如何向顾客展现门店的良好形象					
F4 我能把握顾客消费心理，及时调整商品陈列与组合					
G1 我对门店各个业务非常了解					
G2 我能迅速发现员工操作过程中不规范的地方					
G3 对一些财务知识、营销知识我感到很欠缺					
H1 我会用些较为复杂的统计工具，进行交叉分析等					
H2 通过数据，我能得出有价值的结论					
H3 我知道如何将数据分析结论运用到实际门店销售与管理过程中					

2. 对储备店长的培训计划

储备店长的培训课程采用理论结合实践的方式,为期三个月的培训期,方式为:2天授课+28天实践+2天授课+28天实践+2天授课+28天实践+1天检核。按照胜任力模型,制定储备店长的培训课程如表4-27所示。

表4-27 根据胜任力模型制定储备店长的培训课程

类别	要素名称	对应培训课程
能力类	组织领导力	领导力
	执行力	执行力
		时间管理
	团队建设与凝聚	打造高绩效团队
		报数游戏
		"荒岛求生"
	培训与发展他人	如何帮带下属
	沟通协调能力	沟通技巧
		门店突发事件处理
		管理案例模拟
	销售能力	要货和补货管理
		门店营销管理
		档期销售管理
		服务技巧
	业务能力	异常商品管控
		会员管理
		盘点与损耗管控
		店长巡店关注重点
	数据分析应用能力	常用报表分析
		门店业绩分析
态度品质类	诚信自律	店长职责与应知
	责任感	优秀店长经验分享
	成就导向	

4.3.4 岗位胜任力模型在人才评价中的应用

在店长的人才评价方面,A公司也要用到店长岗位的岗位胜任力模型。A公司对店长的评估分成3部分:业绩评估、运营评估和能力评估。

其中,业绩评估以平衡计分卡得分为主,采取每季度评估的模式;运营评估由营运部实施,每季度评估提报,采取综合打分的模式。打分依据将综合考虑营运部每月检查评分情况、公司高管随机巡店检查情况、顾客投诉情况、视频中心监控情况、内部审计检查情况等。

A公司对店长能力的评估，就是按照店长的胜任力模型实施的。对店长能力的评价方式如表4-28所示。

表4-28 店长能力评价方式

评价要素	评价方式
组织领导力	评审委员会检核
执行力	
团队建设与凝聚	360度评估
培训与发展他人	
沟通协调能力	
销售能力	业绩指标
业务能力	
数据分析应用能力	
诚信自律	360度评估
责任感	

A公司对店长的评价采用的是帕累托分析法。帕累托分析法也叫ABC分类法或ABC管理法，最早是由意大利经济学家维尔弗雷多·帕累托（Vilfredo Pareto）提出的。帕累托分析法的核心理念是在众多事物中分清主次、分门别类，分清主要矛盾和次要矛盾，集中优势资源解决主要矛盾。

A公司将店长分成5个星级和一个无星级，当店长在业绩评估标准、运营水平评估标准和综合管理能力评估标准3个维度上均达到一定标准时会被评为相应星级，如表4-29所示。

表4-29 店长评定标准示意表

等级	业绩评估标准	营运水平评估标准	综合管理能力评估标准
五星	100分以上	95分以上	95分以上
四星	90～99.99分	90～94.99分	90～94.99分
三星	80～89.99分	85～89.99分	85～89.99分
二星	70～79.99分	80～84.99分	80～84.99分
一星	65～69.99分	75～79.99分	75～79.99分
无星	65分以下	75分以下	75分以下

A公司对店长的评价流程如表4-30所示。

表4-30　A公司对店长的评价流程

评估类型	评估周期	评审委员会初审	评审结果发布
业绩评估	人力资源部每季度根据平衡计分卡考核指标进行评估	组成评审委员会，成员分别由分管营运、分管人力资源、分管财务的副总经理担任。人力资源部将3部得分结果进行汇总，并将汇总结果提交评审委员会，委员会成员对每家门店的情况进行初步审核，并确定店长的等级	评审委员会将评审结果提交最高管理层做最终审评，最终结果由人力资源部公布
运营评估	营运部每季度汇总所有门店的情况，并提交至人力资源部		
能力评估	人力资源部每半年组织评价，并汇总评价结果		

4.3.5　岗位胜任力模型在薪酬激励中的应用

A公司店长岗位基于胜任力模型的星级评定，与薪酬水平存在一定的关联性。店长星级评定每半年一次，评定结果将与店长的晋升、调薪、评优挂钩。评定结果确定后，店长星级与薪酬调整情况如表4-31所示。

表4-31　店长星级与薪酬调整情况

等级	描述	结果	拟调薪比例
五星	表现远高于平均水平，表现最为优异的人员	晋升、调薪	12%
四星	表现良好，明显高于平均水平	调薪	8%
三星	表现正常，略高于平均水平	调薪	5%
二星	表现正常，达到平均水平	微调	3%
一星	表现达到及格线，但需要全面学习提升，有进步空间	不调	不调

根据所管理店每年的销售规模，不同星级店长每月基本工资如表4-32所示。

表4-32　店长每月基本工资示意表

年销售规模（万元）	工资总额（元）	规模工资（元）	星级工资（元）					工资合计（元）				
			一星	二星	三星	四星	五星	一星	二星	三星	四星	五星
3,000以下	5,000~6,600	3,600	1,400	1,800	2,200	2,600	3,000	5,000	5,400	5,800	6,200	6,600
3,000~5,000	5,400~7,000	4,000	1,400	1,800	2,200	2,600	3,000	5,400	5,800	6,200	6,600	7,000
5,000~7,000	5,800~7,400	4,400	1,400	1,800	2,200	2,600	3,000	5,800	6,200	6,600	7,000	7,400
7,000~9,000	6,200~7,800	4,800	1,400	1,800	2,200	2,600	3,000	6,200	6,600	7,000	7,400	7,800
9,000以上	6,600~8,200	5,200	1,400	1,800	2,200	2,600	3,000	6,600	7,000	7,400	7,800	8,200

4.4 世界500强公司岗位胜任力模型在晋升上的应用

IBM（International Business Machines Corporation）是目前全球最大的信息技术和业务解决方案公司之一，业务遍及160多个国家和地区，常年处在世界500强公司的前列。在2019年Interbrand全球品牌百强排名中，IBM排12位。

IBM岗位的晋升和选拔是以岗位胜任力模型思维为基础的。本案例主要介绍管理类、研发类和咨询类3类岗位的职级晋升条件。IBM岗位职级晋升选拔分成多步流程，并非条件达标者直接全部晋升。本节内容主要介绍岗位胜任力模型在岗位职级晋升初步选拔（条件选拔）方面的应用。

4.4.1 管理类岗位职级评定标准

管理类岗位职级晋升选拔标准如表4-33所示。

表4-33 管理类岗位职级晋升选拔标准

类别	A 职级	B 职级	C 职级
职级定位	单一业务、职能部门相关负责人	关键子业务、关键区域、关键职能单元负责人	子业务、区域、职能单元负责人
汇报关系	高级副总裁、副总裁	副总裁、总经理或高级总监	副总裁、总经理或高级总监
管辖经理	5～8人	3～5人	1～3人
业务的重要性	关键业务或关键区域	关键子业务、关键区域、关键职能单元或者稀缺岗位	子业务、区域或职能单元
业务管理	●所在部门承担公司15%以上经营指标，及承担所在事业部25%以上经营指标（营销服务体系） ●业务复杂度（非营销服务体系）	●承担所在事业部20%以上业务指标（营销服务体系） ●业务复杂度（非营销服务体系）	●承担所在事业部10%以上业务指标（营销服务体系） ●业务复杂度（非营销服务体系）
团队管理	●管理人数超过1,000人（营销服务体系） ●管理人数超过100人（非营销服务体系）	●管理人数超过300人（营销服务体系） ●管理人数超过50人（非营销服务体系）	●管理人数超过100人（营销服务体系） ●管理人数超过20人（非营销服务体系）
年限/资历	管理者需要在前一职级工作满2年		
360度评估与绩效考核成绩	360度评估不能在后25分位，绩效考核不能在D/E		

4.4.2 研发类岗位职级评定标准

研发类岗位职级晋升选拔标准如表 4-34 所示。

表 4-34 研发类岗位职级晋升选拔标准

技能小类	初级工程师	中级工程师	高级工程师	资深工程师	主任工程师	专家	资深专家
任务复杂度	1～3级	4级	5级	6级	7级	8级	9级
项目角色	普通成员	项目核心成员	项目核心成员	核心成员或模块负责人	跨模块负责人	产品线负责人	跨产品线负责人
项目数量	2个	4个	5个	6个	8个	10个	10个以上

其中，任务复杂度界定标准如表 4-35 所示。

表 4-35 任务复杂度界定标准

维度	学习	了解	掌握	熟练	精通
简单	1级	2级	3级	4级	5级
普通	2级	3级	4级	5级	6级
复杂	3级	4级	5级	6级	8级
艰巨	4级	5级	6级	7级	9级

任务复杂度纵向 4 维度定义如表 4-36 所示。

表 4-36 任务复杂度纵向 4 维度定义

复杂层级	内容定义	典型例子
简单	有明确量化的任务输入及输出，同时具备较为清晰的实现方法以及样例，与业务相关度低，绝大部分人员能胜任	系统参数维护功能
普通	有较为明确的任务输入及输出，同时具备类似的可供参考的过程案例，仅与模块内的业务或技术相关，相关模块人员能胜任	客户资料综合查询
复杂	具备大概的任务输入及输出描述，前期实践中无明显与其类似的过程案例，对参与人员业务或技术有较高要求，只有少数人员能够胜任	CRM 产品变更
艰巨	需要独立分析以生成任务的输入及输出，产物对组织开发效率或能力提升具备突出贡献，公司内尚无成功案例，对参与人员的技术或业务技能有相当苛刻的要求，只有极少数人才能胜任	MDB 内存数据库开发

任务复杂度横向5维度定义如表4-37所示。

表4-37 任务复杂度横向5维度定义

掌握层级	内容定义
学习	对工作任务涉及的业务及技术知识未完全具备，对完成工作本身尚无贡献，处于能力具备阶段
了解	了解功能模块/系统的业务特性以及使用方法，能够独立完成相关模块/系统日常运行维护，或能够在别人指导和协助之下，完成相关模块/系统外围功能的二次开发
掌握	能够独立配置实施相关模块/系统功能，或独立并高效完成外围功能的二次开发，同时能够解决在开发实施过程中遇到的常见问题
熟练	熟练掌握相关模块/系统功能，能够把握整个模块/系统的设计思路，具备对模块/系统核心进行修改的能力，同时能够解决在开发实施过程中遇到的绝大部分问题
精通	模块/系统核心功能的构建者，或具备重新构建该模块/系统功能的能力，能够解决该模块/系统在开发实施过程中遇到的所有问题

在研发项目中，研发类岗位角色界定如表4-38所示。

表4-38 研发类岗位角色界定

项目角色	概念界定
普通成员	负责某个具体模块的开发、测试、实施及维护，具备完成相关工作基本的技术或业务能力，能够独立或在别人帮助和指导下完成相关模块涉及的大部分工作
项目核心成员	全面熟悉某个具体模块/系统的开发及运行维护工作，能快速完成模块相关的工作任务，同时具备指导他人完成相关模块工作任务的能力
模块负责人	负责某项功能模块发展和演进，能够针对特定模块形成开发/实施解决方案，同时具备一定的领导能力，带领模块成员完成负责模块的相关工作
跨模块负责人	具备多个模块的需求分析和设计能力，能够带领各模块负责人协同完成复杂的综合性工作任务
产品线负责人	负责产品线的发展和演进，能够协调产品线下多个部门协同工作，共同完成研发指标
跨产品线负责人	具备系统的全局把控能力，能够从战略的高度解读产品发展方向，带领各产品线共同完成事业部销售及收入业绩

4.4.3 咨询类岗位职级评定标准

咨询类岗位职级晋升选拔标准如表4-39所示。

表 4-39 咨询类岗位职级晋升选拔标准

界定维度	初级顾问	中级顾问	高级顾问	资深顾问	主任顾问	咨询专家	资深咨询专家
任务复杂度	简单	一般	比较复杂	复杂	复杂	非常复杂	极端复杂
项目角色	普通成员	核心成员	项目负责人	项目负责人	项目负责人	项目指导专员	项目指导专员
项目质量	无投诉	内外部客户满意度60%	内外部客户满意度70%	内外部客户满意度80%	内外部客户满意度85%	内外部客户满意度90%	内外部客户满意度90%以上
项目数量	无要求	主导负责的项目2个	主导负责的项目3个	主导负责的项目5个	主导负责的项目7个	主导负责的项目9个	主导负责的项目12个及以上

其中，任务复杂度的界定如表 4-40 所示。

表 4-40 任务复杂度的界定

任务复杂度	工作量定义	沟通复杂度
简单	1人可独立承担的，3周内完成	客户需求单一且明确
一般	1～5人月工作量	需和客户公司一个部门特定的一个人进行沟通
比较复杂	6～12人月工作量	需和客户公司一个部门的多个人员进行沟通
复杂	13～40人月工作量	客户需求复杂，涉及多个部门多方利益
非常复杂	41～100人月工作量	影响客户局部战略，沟通复杂度很高
极端复杂	101人月工作量以上	影响客户整体战略，涉及客户公司全局利益，沟通复杂度极高

项目角色的界定如表 4-41 所示。

表 4-41 项目角色的界定

项目角色	概念界定	备注
普通成员	完成负责人安排的特定任务和特定子模块	助理数据分析师 助理咨询顾问
核心成员	是某一方面不可或缺的人才，对特定业务有专业的特长	数据挖掘模型工程师
项目负责人	对整个项目的成果、项目周期、客户满意度全面负责	项目经理
项目指导专员	对项目的质量、项目框架整体负责，有多个项目的经验，是某个领域的专家	项目指导专员

第 5 章

关键岗位胜任力通用词典库

为便于读者设计岗位胜任力模型，本章介绍 45 种关键岗位胜任力模型词典，涉及不同类型岗位胜任力模型中比较关键、岗位特有的素质类要素和能力类要素，突出各岗位特性，尽量做到不重复。例如沟通能力、表达能力、协调能力、逻辑分析能力等通用能力将会在一些典型岗位中出现，但尽量不重复体现在各岗位胜任力模型中。

知识类要素和经验类要素不具备通用性，设计时需要考虑岗位的具体情况，所以在本章不同岗位的胜任力模型中较少体现。读者在应用本章内容时，可以参考本书中所有具备相似职能岗位的胜任力模型，根据岗位实际情况做增减。

5.1　管理岗位胜任力模型

本节专门介绍 3 个层级管理类岗位需要具备的通用胜任力模型。为避免重复表述，本节不同层级管理岗位的胜任力模型之间采取递进关系，本章后续岗位类别中不再单独区分管理类岗位和非管理类岗位。

5.1.1　高层管理岗位胜任力模型

高层管理岗位指的是具有决策权或对决策有重大影响的岗位，包括集团公司的总监、副总经理、常务副总经理、总经理行政事务助理、总经理、总裁、董事长和分（子）公司的总经理、副总经理等岗位。

外资公司中常见的首席执行官（Chief Executive Officer, CEO）、首席战略官（Chief Strategy Officer, CSO）、首席技术官（Chief Technical Officer, CTO）、首席财务官（Chief Financial Officer, CFO）、首席运营官（Chief Operating

Officer，COO）、首席信息官（Chief Information Officer，CIO）等一般都属于高层管理岗位。

高层管理岗位胜任力模型如表 5-1 所示。

表 5-1　高层管理岗位胜任力模型

能力要素	描述
领导力	（1）能够准确描述公司的愿景和目标，用愿景打动人心，用目标确定方向 （2）懂得将公司目标分解到不同的部门与岗位，能够制定部门和岗位的目标 （3）能够维护管辖范围内的制度和流程，让公司成员感受到凝聚力 （4）在公司内部营造公平的氛围，对人对事设定统一的评判标尺 （5）以身作则落实公司的文化，并能够让员工接受和传播公司文化
影响力	（1）能够掌握基层和中层的想法，让整个公司的核心思想保持一致 （2）能够兼顾各部门观点，平衡各部门利益，促成相互理解，真诚协作 （3）能够妥善处理团队内部和外部的矛盾，化解冲突，实现共赢 （4）鼓励公司员工表达，创造沟通氛围，并能够搭建畅所欲言的沟通环境 （5）具有较强的当众演讲与表达能力，具备鼓舞与打动人心的能力
战略管理	（1）了解公司外部市场状况，掌握公司内部经营情况，具备大局观 （2）能够根据公司愿景和目标设计战略，制定策略，做出决策与部署 （3）能够看懂财务报表，关注财务成果，并让公司实现财务目标 （4）能够领导公司根据市场变化做出相应变化，具备创新意识 （5）能够帮助公司解决重大发展问题，并降低问题再次发生的概率
运营管理	（1）能够有效激发公司员工的活力，激励公司员工朝共同目标努力 （2）能够根据公司战略和策略，设计适合公司的组织机构和岗位 （3）能够划分清楚权责利，能够设计适合公司的流程、制度 （4）能够维护公司制度和流程的运行，并能视情况及时对流程制度做出调整 （5）关注内外部客户，关注外部市场，能够及时满足客户需求
培养与发展他人	（1）重视人才，清楚团队的人才能力需求，能识别高潜力人才 （2）能够有针对性地培养后备人才的能力，能够鼓励后备人才 （3）帮助后备人才设计职业发展路线，建立便于人才学习发展的机制 （4）敢于授权，善于授权，信任下属，懂得通过授权培养后备人才的能力 （5）打造学习型组织，在团队内部营造学习氛围，帮助全员养成学习习惯

5.1.2　中层管理岗位胜任力模型

中层管理岗位指的是在公司中起到承上启下作用的管理岗位，包括集团公司各部门负责人、各业务部门经理、各分（子）公司主要部门负责人等。

中层管理岗位胜任力模型如表5-2所示。

表5-2 中层管理岗位胜任力模型

能力要素	描述
综合管理	（1）能够理解公司的战略，承接公司的战略，制定管辖范围内的目标 （2）能够认清自己的位置，扮演好管理角色，起到承上启下的作用 （3）做事讲原则，遵守制度、流程和规则，并视情况提出修改意见 （4）解决员工之间的矛盾与冲突，建立和谐的上下级关系和工作氛围 （5）理解本部门在公司中的价值定位与分工，引导员工做好跨部门协作
激励人心	（1）能够鼓励员工参与到工作中，让员工感受到工作的意义和价值 （2）定期与员工沟通，有效管理员工的情绪，让员工正确理解自身的意图 （3）对待不同的员工，能够采取有针对性的管理方式，激发员工潜能 （4）主动倾听员工的想法，引导员工的情绪，让员工感受到被尊重 （5）帮助员工设计有挑战性的目标，让员工获得持续快速成长
目标管理	（1）懂得目标分解的原理，能承接公司目标，能制定部门目标 （2）能够在部门内部推行和落实绩效管理方法，打造高绩效文化 （3）能够协助员工制定绩效目标，能够定期组织部门内部的绩效辅导 （4）为了帮助部门和员工达成目标，能够提供各类资源支持 （5）能够让部门目标和员工目标匹配，保障激励，实现部门和员工共赢
创新能力	（1）当遇到棘手问题时，能够借助创新工具、流程和规则解决问题 （2）具备创新的思维和意识，并鼓励、倡导部门所有员工创新 （3）当员工出现失败时鼓励员工，帮助员工在失败中吸取经验教训 （4）不安于现状，不断寻求精进，尝试优化现有做法，达到更优结果 （5）能够抓住事物的主要矛盾和次要矛盾，找到解决问题的关键
选人育人	（1）掌握岗位胜任力模型的应用原理，能客观评价员工的素质和能力 （2）能够判断员工的价值观与公司文化是否匹配，选择价值观与公司文化相符的员工 （3）能够客观预测部门一段时间的人力资源数量需求与质量需求 （4）重视员工培养，能够督促整个部门员工设计能力提高计划 （5）能够践行公司文化，并引领部门所有员工尊重和践行公司文化

5.1.3 基层管理岗位胜任力模型

基层管理岗位指的是直接与员工长期接触，与员工间工作联系紧密，率领员工落实执行相关工作的管理岗位，包括部门主管、小团队管理者、项目负责人、组长等。

基层管理岗位胜任力模型如表5-3所示。

表 5-3 基层管理岗位胜任力模型

能力要素	描述
管人理事	(1) 能够做好基层管理者的工作，带领团队所有员工达成目标 (2) 能够与员工友好互动，建立信任，处理好员工关系，获得员工的认可 (3) 能够公平合理地设置团队岗位、划分职责，对各岗位提出要求 (4) 能够妥善处理团队内外部产生的问题与冲突，稳定各方情绪 (5) 能够打造执行力强、凝聚力强和忠诚度高的团队
沟通协调	(1) 能够定期主动与员工沟通，懂得倾听员工心声，理解员工的想法 (2) 能够根据员工特质，用员工可接受的方式与不同类型的员工沟通 (3) 能够引导不善言辞的员工表达情绪和想法，并与员工共情 (4) 能够简单明了地将问题描述清楚，能够清晰明确地说明问题 (5) 具备大局意识，能够处理好团队内外部沟通问题，并引导员工做好沟通
绩效管理	(1) 清楚团队的目标，帮助员工制定岗位目标，带领员工实现目标 (2) 帮助员工制定实现目标的工作计划，并定期跟踪计划进度 (3) 关注员工绩效，当员工出现绩效问题时，及时进行绩效辅导 (4) 客观评价员工绩效成果，并给予员工与绩效相匹配的薪酬 (5) 定期实施绩效面谈，协助员工查找绩效问题，及时提供各类支持
自我管理	(1) 能够以身作则，不断提升知识和技能，不断寻找效率更高的方法 (2) 对工作具备较高的积极性，能够听取别人的意见，发现问题及时改正 (3) 在逆境下能够妥善控制自己的情绪，不抱怨，坚持传播正能量 (4) 能够合理运用时间，清楚事情轻重缓急，正确处理重要与紧急的关系 (5) 当面临多任务、多角色、有挑战的工作时，能够保持积极的工作状态
教练	(1) 能够手把手教导员工方法，有针对性地帮助员工提升工作技能 (2) 当员工出现问题时，能及时指出，并提供指导，纠正员工的问题 (3) 并非事无巨细地对员工提出要求，而是能做到适时地放手与授权 (4) 当员工情绪低落时，能引导员工朝积极的方向思考 (5) 能够帮助员工制定能力提高计划，帮助员工建立自信

5.2 销售推广类岗位胜任力模型

本节介绍 8 种销售推广类岗位的胜任力模型。销售推广类岗位的主要价值是用最低的成本将产品卖出去，并最大化公司的品牌价值与影响力。销售推广类岗位指的是在公司中肩负销售任务，担任产品销售、产品推广、品牌推广等职责的岗位。

5.2.1 商品贸易类岗位胜任力模型

商品贸易类岗位指的是负责促成大宗商品交易的岗位。商品贸易类岗位中的商品类型可以是有形的实物商品，也可以是无形的虚拟商品；交易类型可以是地区贸易，也可以是国际贸易。

商品贸易类岗位的主要职责包括：掌握市场动态，完成公司的业绩目标；分析市场形势和资源动态，制定销售策略；开拓市场，不断扩大交易规模。

商品贸易类岗位胜任力模型如表 5-4 所示。

表 5-4 商品贸易类岗位胜任力模型

能力要素	描述
市场敏感	（1）懂得收集、整理、分析市场信息，根据市场情况制定相应策略 （2）能够根据市场信息判断未来业务发展趋势，采取相应的应对方法 （3）对市场的敏感信息保持警惕，能够正确判断市场信息对公司的影响 （4）能够正确判断公司产品价格在市场中的竞争力，寻求销售增长点 （5）发现市场风险后，能够深入调查原因，及时采取避险措施
谈判能力	（1）能够主动收集谈判对象的基本信息，了解合作方的需求和意图 （2）熟练掌握谈判技巧，能表达清楚我方诉求，让合作方对我方产生好感 （3）让合作方了解我方优势和竞争对手的劣势，清楚与我方合作的好处 （4）考虑全局利益，在实现合作共赢的前提下，建立稳定长期的合作关系 （5）能够与谈判方建立信任关系，引导谈判的走向，达到我方预期目标
资源管理	（1）能够充分运用现有采购资源和销售资源优势开展销售工作，达成目标 （2）能够寻找和挖掘更多的资源信息，迅速实现商品低买高卖决策 （3）能够根据市场发展趋势寻找有效的资源，而非盲目寻找资源 （4）能够维护好采购资源和销售资源，保持长期稳定的合作关系 （5）能够通过当前资源连接到更多的资源，不断扩充资源池
风险控制	（1）能够发现合同中对我方不利的风险，与对方修改合同，降低我方风险 （2）能够根据客户的资金实力、还款能力、商誉等进行资质评估 （3）根据风险情况对供应商和客户进行分类，及时淘汰风险较高的合作方 （4）能够根据市场状况和业绩情况，帮助公司制定降低风险的方案 （5）能够判断风险的优先级，设计降低风险行动计划的优先顺序
解决问题	（1）及时发现贸易环节的问题，能够在职责范围内分析和解决问题 （2）为避免问题发生，能够制定相应的流程、制度和规则，执行评估 （3）能够倾听合作方的心声，找到问题产生的根本原因，从源头解决问题 （4）能够从合作方的角度，提出解决问题的方案，实现多方共赢 （5）能够突破思维与资源界限，在更高维度上，更圆满地解决问题

5.2.2 产品销售类岗位胜任力模型

产品销售类岗位主要包括销售总监、销售经理、销售专员、销售代表、业务员等。

产品销售类岗位的主要职责包括：负责制定并推进实施全面的销售战略、销售方案，有效地管理客户；建立、维护、扩大销售终端，完成分销目标、分销计划等。

产品销售类岗位胜任力模型如表 5-5 所示。

表 5-5 产品销售类岗位胜任力模型

能力要素	描述
适应能力	(1) 对环境有较强的适应能力，能够在不同环境下迅速开展工作 (2) 做事灵活，能够根据周围环境情况采取不同的应对方法和解决方案 (3) 面对挫折，仍然能保持积极的心态，以平常心对待工作任务 (4) 面对困难时懂得思考、懂得变通，能够运用策略化解困难 (5) 能够接受委屈，能够正视努力后不一定有结果，懂得必要时妥协
产品技术	(1) 根据产品特性，了解公司各类产品的技术参数和应用方法 (2) 主动学习和了解行业内新产品的发展情况和产品变化趋势 (3) 能够通过同类产品比较，发现产品的问题，提出改进建议 (4) 能够解答客户在使用产品过程中的表层疑问，协助客户使用产品 (5) 能够传播产品技术知识，有能力向客户与同事传播产品技术知识
渠道规划	(1) 能够根据公司战略、市场状况和产品情况规划、设计和布局销售渠道 (2) 能够根据公司的销售目标设计销售渠道的营销目标 (3) 能够协助销售渠道负责人一起制定营销计划，设计营销推进的时间表 (4) 能够根据市场状况提前预测和发现销售渠道存在的问题 (5) 能够与销售渠道负责人一起寻找业绩增长的机会点
渠道开发	(1) 能够根据渠道规划，寻找和建立适合公司的销售渠道 (2) 能够为不同的销售渠道设计产品布局和销售政策支持 (3) 能够评估资质，找到适合代理和销售公司产品的经销商或代理商 (4) 能够帮助经销商或代理商设计适合的组织机构和经营策略 (5) 能够帮助经销商或代理商提高销售业绩，达成业绩目标
渠道管理	(1) 能够在保障公司利益的情况下，平衡不同经销商或代理商之间的利益 (2) 能够发现和总结优秀经验，促进不同经销商或代理商之间交流经验 (3) 能够根据公司的产品策略，调整经销商或代理商的运营模式 (4) 能够坚持经销商或代理商的价格体系，维护产品经营秩序 (5) 能够发现经销商或代理商的问题，有针对性地设计解决方案

5.2.3 市场营销类岗位胜任力模型

市场营销类岗位按职级划分,可以分成营销总监、市场总监、营销经理、市场经理、营销专员、市场专员等;按照岗位类别划分,可以分成营销策划、市场拓展、品牌推广、产品促销、市场调研等。

市场营销类岗位的主要职责包括:负责规划、制定并推进市场营销战略与策略,实现公司各项年度经营指标;组织制定市场规划、市场策略与产品拓展计划;制定、实施各项市场调研计划以及市场调研项目,为相关部门人员提供所需的市场信息支持;拟订并实施促销方案,监督实施各项促销活动,进行促销效果评估等。

市场营销类岗位胜任力模型如表 5-6 所示。

表 5-6 市场营销类岗位胜任力模型

能力要素	描述
市场导向	(1) 关注市场信息变化,关注经济情况,关注产业发展 (2) 渴望掌握市场信息,愿意主动了解有助于决策的市场信息 (3) 能够在市场信息中寻求商机,洞察机会,发现被忽略的有价值信息 (4) 能够根据市场信息展现出的特质,立即行动,采取应对措施 (5) 能够根据地区市场的特性,结合产品与营销策略,引导市场走向
市场信息获取	(1) 能够建立获取市场信息的渠道,充分掌握市场信息 (2) 能够全面掌握市场同类产品的价格信息与销售情报 (3) 能够根据市场和渠道的不同做信息细分,分门别类获取信息 (4) 能够调研出不同客户对产品的期望和需求 (5) 能够调研出主要竞争对手的产品与市场策略
信息分析	(1) 能够根据市场信息,分析市场变化趋势,发现潜在问题 (2) 能够根据市场信息,分析找到公司产品和运营的问题点 (3) 能够运用从市场信息中获取的数据指导公司的战略和产品策略 (4) 能够通过分析客户对产品的期望与需求,提出产品设计与改进建议 (5) 能够通过竞争对手分析,找到公司产品和市场的机会点
价格管控	(1) 能够获取不同市场、不同产品的价格信息 (2) 能够分析市场产品价格反映出的问题,并用于指导本公司 (3) 能够根据市场情况设计产品的价格体系 (4) 为防止价格混乱,能够设计出产品价格变化的审批权限和流程 (5) 在价格体系运行过程中,能够按照权限和流程有效管控产品的价格
营销策划	(1) 能够根据市场情况和用户需求,制定公司的营销计划 (2) 能够根据各地区市场特征,设计不同地区的营销计划 (3) 能够根据市场和产品特征,设计不同产品的营销方案 (4) 能够设计出不同产品或市场聚焦财务结果的销售预测和行动目标 (5) 能够与相关部门保持充分沟通,保证营销策划方案持续落实

5.2.4 客户服务类岗位胜任力模型

客户服务类岗位一般包括客服总监、客服经理、客服主管和客服专员等。

客户服务类岗位的主要职责包括：帮助客户了解公司的基本信息；定期与客户联系；定期进行客户回访，建立客户回访档案；按照公司要求实施客户服务；传达客户的投诉、意见及建议；从客服角度提出公司运营或管理问题的改进建议等。

客户服务类岗位胜任力模型如表5-7所示。

表5-7 客户服务类岗位胜任力模型

能力要素	描述
将心比心	(1) 具备同理心，能够站在客户角度思考问题，感受客户的感受 (2) 感觉敏锐，能根据客户语言、表情、肢体动作等了解客户情感 (3) 能够用同理心与客户沟通，采取客户喜欢的方式与其沟通 (4) 能够想客户之所想，急客户之所急，用心倾听客户的诉求
客户导向	(1) 以客户为中心，能够为客户提供较好的服务，使客户满意 (2) 能够从客户角度出发思考问题，以服务客户为宗旨 (3) 关心客户的困难，能够运用手头资源，帮助客户解决困难 (4) 能够为客户提供各类支持，帮助客户寻求事业发展 (5) 能够与业务和运营部门协同，开发客户需求的产品和服务
客户管理	(1) 能够与客户建立稳定、友好的关系，处处为客户着想 (2) 能够在客户心中树立良好的公司形象，帮助公司形成较好的口碑 (3) 能够与客户建立长期的合作伙伴关系，不断延长客户的生命周期 (4) 为更好服务客户，能在组织机构、流程制度方面提出改进建议 (5) 能够平衡客户利益和公司利益，在保证公司利益的同时最大化客户利益
客诉处理	(1) 能够耐心地倾听客户的投诉或建议，并与客户共情 (2) 能够安抚和稳定客户情绪，引领客户情绪趋于平静 (3) 遵从客户第一的原则处理客诉，通过所有可用渠道满足客户诉求 (4) 能够分析、挖掘客户投诉背后的问题根源，提出改进建议 (5) 能够针对改进建议形成行动计划，聚焦责任人，落实行动
满足客户	(1) 具有较强的客户服务意识，将客户视为公司宝贵的资源 (2) 能够满足客户一切正常、合理的要求，满足客户的基本需求 (3) 能够帮助客户创造价值，营造出客户与公司双赢的局面 (4) 当无法满足客户时，能运用资源整合，最大限度地满足客户需求 (5) 以追求提升客户满意度和忠诚度为目标采取客户服务行动

5.2.5 媒体推广类岗位胜任力模型

媒体（或媒介）推广类岗位一般包括媒体推广总监、媒体推广经理、媒体专员、广告岗位等。

媒体推广类岗位的主要职责包括：熟练应用各类媒体；把握媒体动向；协调维护媒体关系；完成媒体计划；跟踪评估媒体推广效果；最大化宣传品牌和产品等。

媒体推广类岗位胜任力模型如表 5-8 所示。

表 5-8 媒体推广类岗位胜任力模型

能力要素	描述
品牌自信	（1）对公司品牌有较强的信心，能够认清品牌的价值定位和客户群体 （2）能够认清公司品牌的优势和劣势，扬长避短，对优势有正确的估计 （3）对品牌和产品有个人独到的见解，能从不同维度诠释品牌和产品 （4）能够描述品牌故事，传达品牌理念，让他人快速接受品牌 （5）对品牌成功有强烈的信念，相信品牌能够获得市场认可
积极主动	（1）工作有热情、有激情，能够积极主动地参与到推广工作中 （2）有责任心，执行力强，服从公司的各类工作安排 （3）具备渠道拓展能力，愿意主动尝试多种媒介传播方式 （4）主动研究产品的特性和客户的习惯，能够根据产品与客户采取行动 （5）愿意主动学习，不断提升个人的销售推广能力
公共关系维护	（1）能够进行与公司产品宣传相关的各类媒体关系维护 （2）能够制定和执行公司的公共关系维护计划 （3）能够对各类网站进行内容管控，并针对负面信息采取相应措施 （4）发生异常舆论时，能够及时进行危机公关
创意设计	（1）拥有创新思维，具备创新意识 （2）能够设计有吸引力的产品推广创意 （3）能够在当前媒体宣传形式上有所创新 （4）能够根据公司的经营目标设计全新的传媒方案
媒体管理	（1）能够选择适合公司采用的媒体形式 （2）能够管理公司对外形象和产品宣传相关的各类自媒体 （3）能够定期设计适合公司在各类自媒体上发布的信息 （4）能够有效进行各类媒体广告合同的签订付款及对账 （5）能够进行各类媒体刊发文稿、图片、视频等的整理及存档

5.2.6 公共关系类岗位胜任力模型

公共关系类岗位一般包括公关经理、公共关系专员、对外关系经理、对外关系专员等。

公共关系类岗位的主要职责包括：负责处理公司对外事务；维护公司外部关联机构关系；实施公关活动和广告推广活动；帮助公司树立良好的社会形象；为支持公司业务，主动与相关部门建立联系；管理公司的舆论；发生紧急状况时，能够帮助公司及时处置等。

公共关系类岗位胜任力模型如表5-9所示。

表5-9 公共关系类岗位胜任力模型

能力要素	描述
公关能力	(1) 乐于与他人打交道，能够给人留下较好的印象 (2) 能够主动与待公关对象保持长期紧密联系与沟通 (3) 懂得形象管理，能够在任何社交场合保持得体的形象 (4) 人品端正，能够有目的、有计划、有效果地实施公关活动 (5) 能够洞察别人的想法，善于围绕他人关心的话题实施沟通
社交影响力	(1) 在社交场合具有亲和力，能够成为人们谈话对象中的热点人物 (2) 具有一定的个人魅力，让绝大多数人愿意与其再次交流 (3) 具备一定的社交关系网，在公司需要的社交圈中有一席之地 (4) 能够与不同圈层的人友好相处，善于与别人快速建立信任关系 (5) 具备较强的社交能力，能够妥善应对处理复杂的人际关系和社交局面
社交应用	(1) 能够通过公共关系管理，帮助公司获取潜在客户，促进成单 (2) 能够在对外社交场合为公司树立良好的形象，传播公司理念 (3) 能够通过社交与外部机构建立良好的关系，让业务开展更顺畅 (4) 能够在公共社交关系中获取竞争对手的信息 (5) 能够善用公共社交关系中有价值的信息情报，为公司创造价值
危机处理	(1) 具有较强的冲突处理能力，能够快速有效地处理矛盾和冲突 (2) 具有较强的压力应对能力，面对挫折与压力能够泰然处之 (3) 具备公关危机敏感性，能够在危机发生之前有所预判，避免发生危机 (4) 发生公关危机时，能够挺身而出，快速形成解决方案，妥善处理危机 (5) 能够在复杂的环境中把握核心、化解危机、扭转局势
引导舆论	(1) 对舆论非常敏感，能够引导舆论的走向，让舆论有利于己方 (2) 当出现负面舆论时，能够第一时间处理，避免并消除负面舆论 (3) 能够刻意创造和设计正面舆论，并最大化传播正面舆论 (4) 在某些情况下，能够扭转局面，化负面舆论为正面舆论

5.2.7 企划广告类岗位胜任力模型

企划广告类岗位一般包括企划总监、企划经理、策划总监、活动策划、广告策划等。

企划广告类岗位的主要职责包括：组织开展广告策划；广告创意设计；发展公司品牌；宣传建设公司形象；推广公司产品等。

企划广告类岗位胜任力模型如表 5-10 所示。

表 5-10 企划广告类岗位胜任力模型

能力要素	描述
广告策划	(1) 精通传播学理论，懂得广告策划原理，能够正确实施广告策划 (2) 具有创新意识，不拘泥于单一的广告形式，让广告具备创意 (3) 精通产品知识，能够根据产品属性，设计出适合产品的广告 (4) 熟悉不同广告投放渠道，能够将广告策划和渠道投放相结合
活动策划	(1) 熟悉活动策划原理，能够熟练策划各类线上或线下活动 (2) 能够根据公司的产品特性，策划适合的活动内容 (3) 能够根据节假日属性，策划出不同节假日的活动主题 (4) 能够策划出具有创意，让大多数参与者满意的活动
计划能力	(1) 能根据公司的产品推广策略，找到产品推广的核心理念 (2) 能够统筹安排各类广告资源，运用现有资源设计广告推广计划 (3) 能够根据广告推广目标设计出可执行的行动方案 (4) 能够动用各类资源，克服困难，实施广告计划和行动方案 (5) 能够在广告计划执行过程中做好监控和跟踪，及时处理各类问题
数据分析	(1) 能够通过各类渠道，主动收集广告投放效果的数据信息 (2) 能够通过指标设计，分析广告投放效果，做出评价 (3) 能够根据当前广告投放和运行情况，得出分析报告结论 (4) 具备比较强的逻辑分析能力，能够透过数据看出问题本质
判断决策	(1) 对广告投放有自己独到的见解，并具备理论基础和数据支撑 (2) 具备较强的推理能力，能够快速从众多广告方案中选出最优方案 (3) 能够根据广告投放经验，判断未来的广告投放计划 (4) 能够把握宣传的本质，不浪费广告资源，做出最佳决策 (5) 能够设计广告预算，针对广告预算设计广告方案并实施决策

5.2.8 美编文案类岗位胜任力模型

美编文案类岗位一般包括网络编辑、平面设计、美工编辑、视觉处理、文案写作等。

美编文案类岗位的主要职责包括：做好公司日常宣传、策划设计制作；文案编写；广告平面设计、制作及其他图文处理；公司宣传资料的设计、制作与创新；协助其他部门人员顺利完成设计及美学方面的工作等。

美编文案类岗位胜任力模型如表 5-11 所示。

表 5-11　美编文案类岗位胜任力模型

能力要素	描述
观察判断	（1）对产品具备深刻的认识，能够发现产品吸引人的环节和核心卖点 （2）能够根据之前文案的效果，预测不同文案对产品销售的帮助 （3）能够预测文案推广过程可能产生的困难，提前做出改进 （4）能够权衡不同文案的利弊，选择最适合产品宣传的文案
文案撰写	（1）能够写出有助于产品宣传和销售的内容 （2）能够进行新闻媒体正面报道稿件的联络、编写和刊发 （3）能够制定各类产品宣传计划 （4）能够编写广告文案，并进行媒体广告刊发 （5）能够编写各类新闻稿件，并进行日常业务沟通
学习意识	（1）对岗位相关知识具备较强的兴趣，愿意主动学习新知识 （2）懂得经验总结，能够根据过去成功或失败的经验做出总结 （3）能够发现自身能力的不足，及时采取行动补充知识 （4）能够制定学习计划，并将个人的职业生涯规划与学习目标相结合 （5）能够主动创造学习机会，尝试多种学习途径，找到适合的学习方法
归纳能力	（1）能够根据现象发现事物本质，并总结出规律 （2）能够化繁为简，面对复杂环境，提炼出清晰的观点 （3）懂得数据整理，能够运用数据发现问题和总结经验 （4）面对表面不同的多种情况，能够发现相同之处，归纳出经验 （5）能够总结其他公司或产品的优秀经验，并为己所用
创意思维	（1）敢于做新的尝试，敢于创新思考，敢于用新的方法解决问题 （2）懂得推陈出新，能够在原有工具和方法基础上做出改进 （3）愿意接受新鲜事物，能够用其他领域的观念和方法指导当前领域工作 （4）对待工作不断有新的想法，愿意接受挑战，对工作有独到的见解 （5）总能发现与找到更有效的策划创意，能够在现有方法上做出改进

5.3　产品运营类岗位胜任力模型

本节介绍 4 种产品运营类岗位的胜任力模型。产品运营类岗位存在的价值是设计出被市场和客户认可的优质产品，并统筹各方资源，顺利将产品推向市场。产品运营类岗位指的是公司中肩负着技术研发、技术突破、技术改进、产品研发、产品迭代、产品规划、工艺设计、流程改进等职责的岗位。

5.3.1 技术研发类岗位胜任力模型

技术研发类岗位一般包括技术总监、技术工程师、研发工程师、技术助理、研发助理等。

技术研发类岗位的主要职责包括：主持公司研发与技术管理工作；规划公司的技术发展路线与新产品开发；实现公司的技术创新目标；组织研制、设计、开发新产品及更新换代产品；提供技术支持等。

技术研发类岗位胜任力模型如表 5-12 所示。

表 5-12 技术研发类岗位胜任力模型

能力要素	描述
战略承接	（1）能够彻底理解公司的战略，并能够向他人解释战略重心 （2）能够根据公司战略设计技术研发方面的对应策略 （3）能够根据技术研发策略实施情况，做战略相关性评估，并调整策略 （4）懂得分析市场机会，寻找技术突破口 （5）能够制定承接战略的行动计划，并在实施过程中不断纠偏
技术创新	（1）能够保持对技术创新的开放心态，定期关注技术发展的新动向 （2）能够不受常识和旧经验的束缚，敢于向传统观念挑战 （3）具备冒险精神，愿意承担风险，勇于行动，敢于尝试新的方法 （4）能够对新想法和新尝试表示赞同，能够在团队中创造创新的氛围 （5）具备危机意识，总是尝试改进旧技术，更新旧观念
系统思维	（1）具备全局意识，能够用系统构架型思维思考问题 （2）考虑问题周全，善于抓住问题本质，能够把握事物发展方向 （3）能够看清事物整体与局部的关系，看清事物与其对立面的关系 （4）能够独立思考，跳出传统的思维框架，更富创造性地解决问题 （5）能够在复杂情境中快速给出系统、全面的问题解决方案
信息分析	（1）懂得去伪存真，能够将零散的产品或技术信息做整合分析 （2）懂得主动进行信息搜集，能够通过各类途径获取有价值的技术信息 （3）懂得信息管理，能够做好技术信息分类整理和存档 （4）具备信息加工能力，能够从零散的信息中抓住重点，找到方向 （5）具备系统性思维和应用思维，能够将技术趋势与公司需求相结合
关注前沿技术	（1）对前沿技术具备敏锐的洞察力，具备比较强的专业灵敏度 （2）能够积极主动地关注经济形势和技术趋势，对前沿技术有极大热情 （3）具有比较深厚的技术理论基础，能够接收到来自不同领域的技术信息 （4）能够主动了解竞争对手的最新技术进展，在技术研发上超越竞争对手 （5）能够利用前沿技术增强公司的核心竞争力，化知识为生产力

5.3.2 工艺设计类岗位胜任力模型

工艺设计类岗位一般包括工艺总监、工艺工程师、工艺员、工艺助理等。

工艺设计类岗位的主要职责包括：负责设计和改进产品的工艺方案；设计和改进产品的工艺流程；解决产品生产中的工艺问题等。

工艺设计类岗位胜任力模型如表 5-13 所示。

表 5-13　工艺设计类岗位胜任力模型

能力要素	描述
专业技术	（1）具备本专业技术所必需的全部知识，懂工艺设计理念 （2）掌握工艺的最新设计技术和理念，并能够帮助别人答疑解惑 （3）能够充当工艺顾问角色，随时查找工艺技术中存在的问题 （4）能够为员工和客户提供工艺技术指导，解答专业疑问
成本意识	（1）懂得成本效益分析，能够在控制成本的基础上，最大化经济效益 （2）懂得成本控制和费用管控，能够把成本控制在预算范围内 （3）具备节约意识，能够主动帮公司节省成本，减少浪费 （4）能够从改善流程、优化方法、灵活创新的角度减少成本 （5）能够做成本估算，最大限度降低成本，减少不必要的成本支出
观察分析	（1）具备较强的观察能力和分析能力，能够事先发现工艺存在的问题 （2）当被告知工艺存在问题时，能够在现场快速发现工艺问题的根源 （3）面对复杂的工艺难题，懂得将问题分解，按部就班地解决问题 （4）能够发现复杂问题中存在的因果关系，能够分清紧急与重要的关系
客户导向	（1）既关注产品工艺，又关注客户需求，能够从客户角度思考改进方案 （2）在设计工艺流程时，考虑客户意见，增加工艺中客户的功能性需求 （3）能够因地制宜调整工艺，从工艺设计角度为客户提供各类增值服务 （4）能够协助产品设计岗位设计出满足客户潜在需求的产品 （5）能够解答客户的疑问，与客户保持沟通，以提升客户满意度为目标
工艺传播	（1）能够设计出工艺技术传播的课程，并将课程内容标准化 （2）能够用最简单的语言和方式在团队内部传播工艺技术知识和理念 （3）当实施工艺技术的员工出现问题时，能够为员工答疑解惑 （4）具备较强的表达能力，能够解答客户在产品和工艺环节的问题

5.3.3 产品设计类岗位胜任力模型

产品设计类岗位一般包括产品总监、产品经理、产品专员、设计专员等。

产品设计类岗位的主要职责包括：实施产品的研发和测试；进行产品的设计和

修正；保证产品的成本控制和量产能力；保证产品能够满足用户和市场的需求等。

产品设计类岗位胜任力模型如表 5-14 所示。

表 5-14 产品设计类岗位胜任力模型

能力要素	描述
需求意识	（1）关注市场需求，关注用户需求，懂得根据用户需求设计产品 （2）能够从市场需求和用户需求的调研中总结出核心要点，并加以分析 （3）具备服务意识，理解产品的最终目的是服务用户 （4）愿意与用户保持沟通，倾听用户心声，根据用户意见改良产品 （5）关注用户利益，发现用户的潜在需求，为用户提供增值服务
产品技术	（1）具备开发产品需要的基础知识、基本技能和必要经验 （2）能够根据市场和用户需求评估产品设计方向和方案 （3）能够进行产品开发需要的信息收集和整理，实施产品开发可行性研究 （4）懂得项目管理知识，能够在产品开发项目中担任好自己的角色 （5）最好具备产品专利技术，最好在专业杂志上发表过文章
全局意识	（1）能够站在战略高度思考问题，深刻理解公司的战略意图 （2）能够根据公司战略设计公司未来一段时期的产品策略 （3）懂得产品矩阵的概念，能够对不同的产品赋予不同的定位 （4）懂得区分产品与公司短期利益、中期利益和长期利益之间的关系 （5）注重公司产品设计规则，不依靠个人主观判断随意修改产品
条理意识	（1）做事有规划、有条理，能够按照事情的轻重缓急安排工作任务 （2）具备较强的统筹能力，有周全的计划，能够统筹安排时间与计划 （3）能够有条不紊地做事，根据工作的紧急性和重要性安排工作任务 （4）紧盯目标，能合理分配时间，按工作计划的既定顺序开展工作 （5）遇到变化能够临危不乱、稳重成熟，对工作有清晰的认识
注重细节	（1）深信细节决定产品成败，能够从各个角度思考产品细节需改善的问题 （2）既注重全局，又关注细节，追求把产品细节做到尽善尽美 （3）能够把改进产品细节作为一项单独的工作探讨，查找产品细节问题 （4）工作务实，做事严谨，愿意为了改进细节付出更多的时间和精力 （5）不仅本人注重细节，也能够影响周围的员工注重细节

5.3.4 运营管理类岗位胜任力模型

运营管理类岗位按岗位等级划分，可以分成运营总监、运营经理、运营主管、运营专员等；按照岗位类别划分，可以分成产品运营、内容运营、用户运营、活动运营等。

运营管理类岗位的主要职责包括：负责策划推进公司的业务运营战略、流程与计划；组织协调公司各部门执行运营战略、实现公司的运营目标；日常经营行为及业务、财务等运营流程相互衔接、执行、协调和监督等。

运营管理类岗位胜任力模型如表 5-15 所示。

表 5-15 运营管理类岗位胜任力模型

能力要素	描述
全局意识	（1）能够站在公司利益角度思考问题，一切决策以大局为重 （2）能够从长远利益出发考虑工作安排，不仅盯着局部利益 （3）能够看清局势，通盘考虑问题，并能够与他人一起解决问题 （4）能够协调部门间的配合，清楚组织目标和岗位目标的关系 （5）能够在决策时通盘考虑，在满足集体利益的同时，满足个人利益
体系搭建	（1）能够根据战略，建立适合公司的运营组织架构与运营管理体系 （2）能够把运营工作与公司品牌策略相结合，设计出有效的运营策略 （3）能够收集和整理商业动态信息，搜集行业资料，协助体系搭建 （4）能够定向进行市场调研，做市场分析和预测，及时准确调整策略 （5）能够推进、监督、控制、不断完善运营管理体系
运营管理	（1）能够根据要求，制定公司的营运标准与流程规范 （2）能够对他人实施营运标准与流程的培训、推广、执行 （3）能够结合预算，利用数据分析，做好内部费用管控 （4）能够对异常数据实施监控，能够设计运营环节的日常检查工作重点 （5）能够根据经营情况制定、实施运营计划，并随时监督和评估运营计划
营销支持	（1）能够根据公司战略和业务实际，制定营销工作的长短期规划 （2）能够对相关部门实施运营指导，保证各岗位执行标准的运营流程 （3）能够根据经营业绩，提出运营工作调整和修改意见 （4）能够在运营流程和制度上支持业务部门的工作，保证目标达成 （5）能够根据运营工作暴露出的问题，协助业务部门寻找其他支持
运营检查	（1）能够设计编制运营检查计划，检查各岗位对运营标准的执行情况 （2）能够设计考核机制，对各岗位实施运营工作的监督、指导和考核 （3）能够主动发现业务部门的问题，防止发生风险 （4）能够在运营检查过程中发现问题并及时指导 （5）对经营业绩敏感，能够根据经营业绩变化发现问题所在

5.4 生产制造类岗位胜任力模型

本节介绍 6 种生产制造类岗位胜任力模型。生产制造类岗位存在的主要价值是以最快的速度、最低的成本保质保量地完成生产任务。生产制造类岗位主要指的是公司中肩负着生产任务规划、生产过程管理、生产任务实施、产品质量管理、生产安全管理、生产设施设备管理等职责的岗位。

5.4.1 生产管理类岗位胜任力模型

生产管理类岗位一般包括生产总监、生产经理、厂长、副厂长、车间主任等。

生产管理类岗位的主要职责包括：组织实施公司下达的生产经营计划；保质保量地完成生产任务，确保安全文明生产；督导日常生产活动；发现问题采取有效措施，确保生产线正常运转；协助公司项目开发、研制产品；建立健全规范的质量管理体系等。

生产管理类岗位胜任力模型如表 5-16 所示。

表 5-16 生产管理类岗位胜任力模型

能力要素	描述
计划编制	（1）能够保证计划具备清晰的目标和价值，有明确的预期结果 （2）能够保证计划中有具体的行动方案，并有相关责任人与考核方法 （3）能够让计划参与者明确自身职责，了解自己在计划中担任的角色 （4）能够发现各部门的利益共同点，赢得计划协作方对计划的支持 （5）当客观环境发生变化时，能够及时调整计划来适应当前变化
计划推行	（1）能够有效调动各方资源，能够获取相关人员对计划的理解和支持 （2）具有较强的沟通协调能力，能够为计划顺利推行做好各方沟通 （3）具有较强的影响力，能够激发所有计划参与者的热情，鼓励行动 （4）能够在计划执行的过程中做好管控，发现问题后及时反馈评估与改进 （5）能够克服各种阻碍计划执行的困难，保证计划稳步实施
成本控制	（1）在编制生产计划时，能够以降低成本、提高效率为财务目标 （2）能够计算生产投入与产出效率情况，规划出最优的生产计划安排 （3）具备节约意识，能够发现生产环节的各项浪费，改进生产工艺 （4）能够做成本估算，并按照生产管理财务预算落实成本管控 （5）不仅能够以身作则，而且能够教育员工，让员工具备成本控制意识
统筹管理	（1）能够统筹计划、执行、质量检验、安全管理、设备管理等岗位工作 （2）能够统筹生产相关部门与财务、销售、技术、工艺等相关部门的工作 （3）能够统筹生产计划的数量、质量、成本、效率之间的关系 （4）能够统筹公司内部各部门与客户及外部各部门之间的关系 （5）能够及时发现实现生产目标过程中出现的问题，及时改善
现场管理	（1）能够建立生产现场管理制度，能够制定标准化生产管理流程 （2）懂得 5S 管理基本原理，懂得精益生产基本要求，实施现场严格管理 （3）能够在生产现场落实质量管理制度、安全管理制度、设备管理制度等 （4）能够制定生产操作员工的考核制度，对操作员工实施考核与奖惩 （5）能够组织生产部门的员工培训，提升员工能力，引导员工意识

5.4.2 生产调度类岗位胜任力模型

生产调度类岗位一般包括生产计划员、生产调度员、生产统计等。

生产调度类岗位的主要职责包括：协调生产过程、生产流程，保证生产活动正常运行；按主进度计划安排流水线的工作进度；按程序变化或其他因素的变化调整生产计划；协助生产管理人员解决产品线冲突等。

生产调度类岗位胜任力模型如表 5-17 所示。

表 5-17　生产调度类岗位胜任力模型

能力要素	描述
任务分配	（1）能够根据生产需要合理分配任务，保证生产任务达成 （2）能够根据生产目标和计划对各生产环节提出质量要求和技术要求 （3）能够根据往期任务分配情况，发现任务分配环节的问题，及时改善 （4）能够制定生产任务分配的原则和制度，保证公平公正地分配任务 （5）能够设计权责对等的任务分配机制，并能向他人解释清楚该机制
物料管控	（1）能够对生产物料的领取、使用、退库等各环节流程实施严格管控 （2）能够关注生产原辅材料的使用数量和质量情况，及时退库或调整 （3）能够随时关注生产原材料的库存数量变化，及时提请采购计划 （4）发现生产原材料出现质量问题时，能够及时联系采购部门处理 （5）能够做好生产物料的数据管控，定期进行数据分析
产品管理	（1）能够对产成品和半成品实施管理，监控产成品和半成品保管情况 （2）能够对产品的生产过程实施管控，有能力处理生产环节存在的问题 （3）懂得现场管理，能够实施生产现场检查和产品抽查，并发现问题 （4）能够有效控制产品生产过程，控制由生产问题造成的不良品数量 （5）能够与质量部门一起发现生产环节造成不良品的原因，及时改进
数据统计	（1）能够统计和关注员工的出勤记录和表现情况，对生产员工做出评价 （2）能够统计和分析产量、产值、产能等生产相关数据，并及时做出改进 （3）能够统计和记录生产各工序、流程、工段的产量和质量等相关数据 （4）能够记录生产环节出现损耗的数据，为成本管控提供数据分析依据 （5）能够记录各类异常或生产事故数据，为生产管理改善提供决策依据
调度协调	（1）能够协调生产相关各部门的角色，保证各部门各司其职 （2）能够随时掌握生产情况动态，随时调动资源，查漏补缺 （3）能够协助生产管理部门实施生产环节的监督和考核，落实奖惩政策 （4）能够掌握生产异常状况，并协调质量、安全、设备等相关部门处理 （5）能够协调人力、财务、采购、销售等相关部门保证生产计划实施

5.4.3 质量体系类岗位胜任力模型

质量体系类岗位一般包括质量认证经理、质量认证助理、质量认证专员等。

质量体系类岗位的主要职责包括：完成公司的质量体系认证；质量体系换证审核；质量体系复审检查；内部质量体系检查等。

质量体系类岗位胜任力模型如表 5-18 所示。

表 5-18 质量体系类岗位胜任力模型

能力要素	描述
质量体系知识	(1) 熟知质量体系认证的相关知识，懂得质量体系各环节的关键要求 (2) 熟练掌握与公司相关质量体系的各项要求，协助各部门达到要求 (3) 能够对公司商标、专利等及时审查、续展，确保其有效性 (4) 能够将公司相关知识产权及时向有关部门申报 (5) 能够及时申报和评定公司相关的质量管理体系
质量体系建设	(1) 能够制定产品技术标准、工艺标准、服务标准、程序文件等文件 (2) 能够形成公司的质量管理体系文件，建立和完善质量体系管理制度 (3) 能够按照质量管理体系标准编制、修订相关制度和程序 (4) 能够根据质量体系评定后发现的问题及时督促和协助各部门落实改正 (5) 能够定期组织质量管理体系培训，提高公司全员的质量意识
质量体系认证	(1) 能够负责公司质量管理体系建设与推进，确保公司实现质量目标 (2) 能够协助各部门申请通过质量体系认证和通过年审 (3) 能够协调公司各相关部门，确保质量管理体系的运作和实施 (4) 能够协助管理者代表组织实施公司内部审核及管理评审 (5) 能够组织、主持内部体系检查和内、外部审核工作
供应商支持	(1) 能够根据质量体系要求，参与对原材料供应商资质的评价 (2) 能够指导或协助供应商建立符合公司要求的质量管理体系 (3) 能够为供应商提供质量管理与质量技术的支持与培训 (4) 能够定期实施供应商质量管理体系的检查，帮助供应商整改 (5) 能够督促供应商达到质量管理体系要求，对供应商进行管控
风险控制	(1) 能够对公司各部门业务流程进行审查和监督，及时发现风险 (2) 能够对公司管理的薄弱环节提出改进意见并监督实施 (3) 能够定期检查，发现各部门显性和隐性风险，并进行控制 (4) 能够根据公司当前风控情况提出改进建议，避免风险发生 (5) 能够根据公司定期检查结果提供年度风险控制报告

5.4.4 质量检测类岗位胜任力模型

质量检测类岗位一般包括质检经理、质检主管、质检员等。

质量检测类岗位的主要职责包括：制定并实施产品质量控制方案；协助生产部门实现所管辖产品的质量目标；完成日常质量检验、质量监控及结果上报工作；监控工艺状态，对工艺参数的改变对产品的影响进行认定，并论证设定的合理性；根据公司整体质量状况制定质量控制方案；监控产品全程质量；定期评估解决的工艺或控制方案；制定产品质量检验标准、产品信息反馈、统计流程；处理客户反馈，依据反馈改善质量控制；总结产品质量问题并推动相关部门及时解决；主持来料检验及出货评审工作等。

质量检测类岗位胜任力模型如表 5-19 所示。

表 5-19　质量检测类岗位胜任力模型

能力要素	描述
质量检测	（1）能够正确使用各种检测设备，并定期进行维护 （2）能够监督各类原材料质量情况，对出现的不合格品进行原因分析及处理 （3）能够对不合格品查找原因，制定措施，防止不合格品再产生 （4）能够监督各生产工序的自检，杜绝批量产生不合格品 （5）能够每月进行质量汇总、分析，定期召开质量例会
质量管理	（1）能够结合公司实际情况，制定产品质量管理制度 （2）能够进行产品质量管理制度的实施与监督 （3）能够对客户反馈问题进行分析，找到问题根本原因并予以解决 （4）能够对曾经发生的质量问题进行原因分析和汇总 （5）能够有效说明质量检验规范，并组织对相关制度的学习
质量计划	（1）能够制定并组织公司的年度质量计划，并负责推进实施 （2）能够组织搜集国内外相关行业技术信息，并为质量管理提供支持 （3）能够时刻关注内外部质量管理体系发展动态信息、国家相关政策 （4）能够分析产业技术发展趋势，为产品质量管理提供信息支持
档案管理	（1）能够有效整理和保存部门内部档案资料的纸质版和电子版 （2）能够确保内部档案内容的真实性、完整性、有效性 （3）能够完整保存各种检查记录文件，并对文件实施编号分类管理 （4）能够在需要查阅原始信息和数据时，快速检索到需要的内容
应急考核	（1）当发生质量事故时，能够与有关部门分析事故原因，并提出解决方法 （2）能够编制公司的质量管理体系考核机制，定出考核方法 （3）能够参与公司组织的对生产部门的质量考核 （4）能够每月对生产操作人员和专职质量管理人员进行绩效考核

5.4.5 安环管理类岗位胜任力模型

安环管理类岗位一般包括安环总监、安环经理、安环科长、安全管理员、安全巡视员等。

安环管理类岗位的主要职责包括：组织拟（修）订公司安全、环境方针、目标、指标及管理制度；制定部门管理制度及工作计划；贯彻国家安全、环保法规、标准，负责公司安全、环保制度执行的监督与考核；负责公司日常安全管理，组织节假日安全检查及生产现场安全标准化管理工作，组织召开安全环保例会；负责特种设备安全管理、危险化学品管理、应急救援准备与响应工作等。

安环管理类岗位胜任力模型如表5-20所示。

表5-20 安环管理类岗位胜任力模型

能力要素	描述
安全检查	（1）能够设计公司级的安全检查方案，并鼓励各部门实施安全检查 （2）能够调动各部门参与公司的日常安全检查和安全大检查 （3）能够组织编制安全技术措施计划，提出安全技术措施方案 （4）能够协助和督促相关部门对查出的隐患制定整改与防范措施 （5）能够进行重点涉及安全的设施、装置的安装、使用、检验的安全监督检查工作
执行力	（1）能够对安全检查过程中出现的问题立即形成安全隐患整改方案 （2）能够根据整改方案形成行动计划，落实责任人，形成监督考核方法 （3）对违反安全原则的问题，具备坚持的态度，能够坚决推行整改计划 （4）对安全工作有积极主动性，趋向于立即采取行动，并取得成果
制度编制	（1）能够理解、贯彻、执行国家有关安全的方针、政策、法令、法规 （2）懂得汇编制度的方法，能够组织编制公司的安全生产管理制度 （3）能够与业务部门协同，编制与审查设备操作规程 （4）能够参与新建、改建、扩建、大修项目及技术措施工程的设计审查
安全教育	（1）能够对员工进行安全思想教育，让员工从思想上重视安全问题 （2）能够对员工实施安全技术知识教育，让员工掌握正确的做事方法 （3）能够运用各类案例，用简单易懂的方式为员工普及安全教育 （4）能够不限于理论，结合现场实操，让安全意识深入人心
应急处理	（1）当出现安全事故时，能够第一时间妥善处理事故，将损失降到最小 （2）能够安抚事故中相关人员的情绪，做好事故中的各方沟通 （3）能够查找事故的原因，按照安全管理制度明确各方责任，实施追责 （4）能够总结安全事故发生的原因，并在制度和流程上做出改进 （5）能够通过安全教育规划或机制改革，降低安全事故发生的概率

5.4.6 设备维修类岗位胜任力模型

设备维修类岗位一般包括设备经理、设备维修员、设备管理员等。

设备维修类岗位的主要职责包括：负责公司各类设备的定期检查；定期保养、维护和管理公司的各类设备；及时修复公司出问题的设备；负责新设备及相关零配件的采购及安装调试工作；负责设备改造、大修工作；负责设备认证工作；负责特种设备管理工作等。

设备维修类岗位胜任力模型如表 5-21 所示。

表 5-21 设备维修类岗位胜任力模型

能力要素	描述
设备管理	（1）能够贯彻各项管理方针、政策，制定本公司的设备管理方案 （2）能够组织编制设备的维修计划、改造计划、保养计划、采购计划等 （3）能够根据公司的技术要求参与设备采购计划，并明确各项参数 （4）能够对公司所需设备进行市场调研和规划，并进行各方市场考察 （5）能够到供应商调研，考察功能、质量、价格、交期、售后等维度
设备安装	（1）能够根据设备采购的参数要求，对设备实物进行检查和检测 （2）能够联合各部门，在设备到厂后组织设备安装前的整体验收 （3）能够协助设备供应商进行设备现场安装调试，并懂得设备安装原理 （4）在设备安装并交接后，能够协助供应商和生产部门将设备投产使用 （5）能够编制设备使用的培训资料，能够对生产部门实施阶段性培训
设备改造大修	（1）能够做好设备的改造大修工作，保证设备按时、按标准投入使用 （2）能够使用维修新技术、新材料、新工艺，以提高改造大修质量 （3）能够组织相关人员对设备进行查看，了解改造大修部位及性能要求 （4）能够看懂设备维修改造图纸，能够发现问题，并及时提出整改意见 （5）改造大修后，能够组织人员对设备进行综合验收，解决出现的问题
设备维修保养	（1）能够主持设备维修计划的编制、论证、总结和分析工作 （2）能够根据当前设备情况和生产情况，制定维护保养计划并监督执行 （3）能够关注维修保养成本，正确使用各项费用，做好费用总结分析 （4）能够做好维修保养材料的领用控制，避免出现维修材料浪费现象 （5）能够做好设备的维修和保养记录，保证设备达到最大的使用年限
设备监控	（1）能够将所有管辖设备纳入台账管理，定期组织人员做设备清点与检查 （2）能够每月关注设备相关零备件库的数据，及时补充重点常用零备件 （3）能够合理设置零备件的库存，合理配置采购数量，减轻财务压力 （4）能够配合财务或设计部门做好设备固定资产的盘点与管理工作 （5）能够做好设备零备件的外购控制，货比三家，购买质优价廉的零备件

5.5 采购供应类岗位胜任力模型

本节介绍 4 种采购供应类岗位胜任力模型。采购供应类岗位存在的价值主要是以最低的成本，持续满足公司的物资供应。采购供应类岗位指的是公司中肩负着原材料采购、设备物资采购、工程采购、商品选品、商品采购、供应商管理等职责的岗位。

5.5.1 物资采购类岗位胜任力模型

物资采购类岗位一般包括采购总监、采购经理、采购助理、采购专员等。

物资采购类岗位的主要职责包括：制定、组织、协调公司或所属部门的采购计划；达成公司所期望的货物种类、库存和利润目标；调查、分析和评估市场以确定客户的需要和采购时机；拟订和执行采购战略；根据产品的价格、促销、产品分类和质量，有效地管理特定货品的计划和分配等。

物资采购类岗位胜任力模型如表 5-22 所示。

表 5-22 物资采购类岗位胜任力模型

能力要素	描述
分析能力	（1）能够建立健全物资采购台账，做好日常采购相关数据收集 （2）能够通过数据分析预测物资需求，制定物资采购计划 （3）能够根据市场状况预测商品价格走势，提前采购物资 （4）能够分析各种材料的市场品质、价格等行情 （5）能够协商采购合同中可能不利于公司的条款，进行采购合同管理
物资协调	（1）能够按时、按量、按质完成物资采购计划，保证物资到位 （2）能够积极开拓货源市场，做到货比三家，选择物美价廉的物资材料 （3）能够严把采购物资质量关，定期进行采购物资质量检查 （4）能够协助有关部门妥善解决采购物资使用过程中出现的质量问题 （5）能够深入了解物资供应商的基本情况，从源头管控采购物资
业务联动	（1）能够根据公司业务需要，建立符合业务需求的采购管理制度 （2）能够依据采购管理制度，组织对业务需要的大宗采购实行招标采购 （3）能够围绕业务需求建立健全物资采购岗位的责任制 （4）能够根据物资采购对业务的支持情况建立日常管理和工作考核 （5）能够与业务部门保持良好的关系，支持业务，并获得业务部门认可

续表

能力要素	描述
财务联动	(1) 能够根据公司财务状况，编制采购计划和采购资金使用计划 (2) 能够根据公司财务规划，制定采购物资付款计划 (3) 能够为公司争取到最佳的付款条件，减少公司付款压力 (4) 能够不断降低物资采购价格，降低采购成本 (5) 能够对物资采购的现金流转情况进行监督及审批
库存监控	(1) 能够与各部门紧密联系，根据采购计划及时采购物资 (2) 能够优化物资出入库管理，对已经产生积压的物资进行及时处理 (3) 能够在保证生产及日常工作前提下减少库存物资，减少资金占用 (4) 能够检查库存材料的规格、型号、式样、数量等 (5) 能够及时协商不合格材料的退货或补货

5.5.2 供应管理类岗位胜任力模型

供应管理类岗位包括供应链管理经理、供应商管理专员等。

供应管理类岗位的主要职责包括：整合供应链；选择和发展供应商；处理与当地供应商的关系；尽可能减少流通环节等。

供应管理类岗位胜任力模型如表 5-23 所示。

表 5-23　供应管理类岗位胜任力模型

能力要素	描述
供应商管理	(1) 能够组织对供应商的资质评审和持续供货能力评价 (2) 能够分析和选择适合的供应商，建立、保存合格供应商档案 (3) 能够定期组织相关部门参与实施供应商巡查，确保交货质量和期限 (4) 能够及时反馈产品的质量异常信息，并能够及时应对这类异常状况 (5) 能够处理供应商合作过程中的投诉和纠纷，增强供应商的合作黏性
供应商考核	(1) 能够建立健全公司的供应商管理考核制度，让供应商管理规范化 (2) 协助处理供应商合作过程中的质量投诉、交货期控制及有关纠纷 (3) 能够根据采购合作情况和市场变化情况提出更换或优化供应商的建议 (4) 能够定期对供应商进行考核与评级，辨别优秀和较差的供应商 (5) 能够及时反馈供应商的质量异常信息，做好质量跟踪记录
资源整合	(1) 对资源具备敏锐的洞察力，能够发现资源的价值 (2) 能够在宏观上发现和整合各类资源，提高可用资源的使用效率 (3) 能够将资源有机整合，最大化资源的应用效率，促进资源增值 (4) 能够从财务角度分析资源价值，最大化资源的投资回报率 (5) 能够取不同资源之长，补各类资源之短，实现资源的优势互补

续表

能力要素	描述
供应链管理	（1）能够调研供应市场情况与信息政策，对整个供应链网络有所了解 （2）能够掌握广泛的供应信息与渠道资源，选择最佳的供应链合作方 （3）能够为公司设计最优的供应链规划，明确合作方的基本条件 （4）能够对供应商合作方进行资质评审和持续供货能力评价 （5）能够根据规划甄选供应链中的合作方，建立、保存合格的合作方档案

5.5.3 工程管理类岗位胜任力模型

工程管理类岗位包括工程管理经理、工程采购、工程专员、验收专员、工程预算专员等。

工程管理类岗位的主要职责包括：负责公司的工程日常管理，建立完善的工程管理制度；负责管理工程或基建项目的前期和实现期工作；负责公司固定资产管理和协助使用单位基建维修工作等。

工程管理类岗位胜任力模型如表 5-24 所示。

表 5-24 工程管理类岗位胜任力模型

能力要素	描述
标准建设	（1）能够对不同的工程项目建立标准 （2）能够根据战略，组织制定、设计工程项目相关的管理制度和流程 （3）能够推进工程制度和流程的落实工作，不断完善工程项目标准 （4）能够将工程制度和流程有效传递给相关人员 （5）能够监督制度和流程，做好工程项目控制
项目管理	（1）能够设计、完善项目施工方案，制定工程进度表 （2）能够根据施工图纸，安排工程施工方进场 （3）能够跟踪检查现场施工的质量、安全、进度 （4）能够按照标准进行工程验收和评估 （5）能够建立工程开发和维护档案
安全管理	（1）懂得实施对消防报警系统及水电系统的管理 （2）懂得工程相关设备安全操作及运行的监督管理 （3）能够进行消防及设备相关安全操作方面的培训和指导 （4）懂得对安全工作进行检查、监督 （5）懂得解决安全方面的问题及隐患

续表

能力要素	描述
成本控制	(1) 能够根据公司战略编制工程预算，保证预算不超标 (2) 能够根据预算，进行供应商招标，选择适合的供应商 (3) 能够在工程实施过程中关注用料情况，防止成本超标 (4) 能够控制工程的用时、人员等因素，降低工程成本 (5) 能够促进工程按进度实施，管控工程成本，提高工程性价比
供应商管理	(1) 能够实施新供应商的开发和招标 (2) 能够对新供应商实施调查评估，获得客观信息 (3) 能够在新供应商的引进环节提供协助 (4) 能够对旧供应商实施监控和评审 (5) 能够有效淘汰不合格的旧供应商

5.5.4 商贸选品类岗位胜任力模型

商贸选品类岗位属于非通用岗位，一般指大宗贸易类公司或商品零售公司中负责商品选择、商品采购、合同管理、商品规划、供应商管理等职能的岗位，包括商品采购专员、商品部经理、选品专员等。

商贸选品类岗位胜任力模型如表5-25所示。

表 5-25 商贸选品类岗位胜任力模型

能力要素	描述
搭建体系	(1) 能够搭建商品采购的基本流程，防控采购相关风险 (2) 能够制定商品采购的政策，设计商品采购计划 (3) 能够进行商品采购合同洽谈，签订采购合同，实施采购合同管理 (4) 懂得如何收集商品的市场信息，并形成商品市场信息报告 (5) 懂得根据市场信息报告，制定采购计划
商品开发	(1) 能够理解公司的战略，根据公司战略制定商品经营方针 (2) 熟悉公司的目标市场，理解市场需求，了解顾客需求 (3) 能够不断引进有市场和价格优势的新产品，加强市场分析 (4) 懂得如何做商品市场调查，能够根据市场需求设计商品开发策略 (5) 能够制定选品计划，理解商品关系、商品关联、商品档次、价格带
商品规划	(1) 能够做到对商品的价格敏感，能够对商品实施价格管理 (2) 能够做到及时对出现销售异常的商品实施汰换，选择优秀商品 (3) 能够时刻监督商品的品类变化、价格变化和库存变化 (4) 当商品销售出现异常时，能够协助公司分析并调整商品策略 (5) 能够迅速找到商品销售的机会点，与商品促销活动联动

续表

能力要素	描述
商品管理	（1）能够根据市场状况预测商品价格，设计本公司商品价格体系 （2）能够根据公司战略设计商品的品类和价格，有效规划商品的品种数 （3）能够根据商品属性设定目标市场、目标人群 （4）懂得做商品分析和评估，能够分析出每个分类商品的业绩情况 （5）能够根据商品分析结果找到机会点，制定相应的解决方案
供应商管理	（1）熟悉供应商的基本情况，懂得供应商选择，能够选到优秀的供应商 （2）懂得供应商的谈判技巧，熟悉供应商的交易条件 （3）懂得供货渠道和客户，懂得开发出新的供应商 （4）清楚公司的理念、价值观、信誉、人才状况、生产设备状况、物流设备状况等 （5）懂得供应商关系管理，能够评估、检查、修正原有的供应商群

5.6 信息技术类岗位胜任力模型

本节介绍3种信息技术类岗位胜任力模型。信息技术类岗位存在的价值主要是从信息技术角度实现公司的产品开发或功能需求。信息技术类岗位指的是公司中肩负着信息管理、软件开发、程序升级、系统应用、硬件管理、网络运维等职责的岗位。

5.6.1 信息管理类岗位胜任力模型

信息管理类岗位一般包括信息管理总监、信息管理经理、系统规划师、信息管理专员等。

信息管理类岗位的主要职责包括：网络信息系统规划；信息系统的导入与维护；监控系统、防盗报警系统和网络安全系统的规划与管理等。

信息管理类岗位胜任力模型如表5-26所示。

表5-26 信息管理类岗位胜任力模型

能力要素	描述
信息规划	（1）能够根据公司战略，制定信息发展和建设的中长期规划 （2）能够进行公司整体实体网络的规划与设计 （3）能够进行公司软件业务网络的规划与设计 （4）能够进行公司信息系统外包业务规划

续表

能力要素	描述
信息安全体系建设	(1) 能够建立公司信息的备份与恢复系统 (2) 能够让信息系统实现系统容灾 (3) 能够做好信息系统病毒防范 (4) 能够防止公司出现信息泄露
项目管理	(1) 懂得项目流程和计划，能够运用当前资源推动项目实施 (2) 了解业务部门在项目上的需求，能够根据需求设计方案或提出建议 (3) 能够在预定时间前执行项目中本岗位的任务 (4) 能够发现项目执行过程中的问题，并及时提出改进方案 (5) 能够明确项目合同的实施标准，并保证项目实施质量
外包业务管理	(1) 能够根据公司需要编制外包业务计划 (2) 能够进行外包供应商的选择和评估 (3) 能够进行外包合同的洽谈与签订 (4) 能够有效实施外包供应商的日常监督和管理 (5) 能够进行外包供应商考评，实施外包供应商淘汰机制

5.6.2 软件开发类岗位胜任力模型

软件开发类岗位一般包括互联网产品经理、软件开发员、程序员、编程人员等。

软件开发类岗位的主要职责包括：负责制定和实施公司信息技术建设的总体规划及本部门的工作计划；实施互联网产品规划；协助公司软件的开发、选型和运维；负责基础程序编写等。

软件开发类岗位胜任力模型如表 5-27 所示。

表 5-27　软件开发类岗位胜任力模型

能力要素	描述
信息技术	(1) 懂得使用 2 种以上的系统，能够进行基础问题诊断 (2) 懂得使用 2 种以上的编程语言，熟悉编程语言之间的差异 (3) 懂得 2 种以上的数据库工具，能够有效管理数据开发商 (4) 能够根据业务需求搭建服务器，并对服务器和配置进行问题诊断 (5) 能够熟练应用一种信息系统，且至少专精系统中的某一个模块
程序开发	(1) 能够进行程序需求调查，理解高层和业务需求 (2) 能够根据需求设计程序开发方案 (3) 能够根据开发方案进行程序设计与开发 (4) 能够做好程序开发相关文档的整理归档

续表

能力要素	描述
程序测试	（1）能够根据程序基本情况，制定程序测试方案和计划 （2）能够将测试过程中产生的问题提交开发方进行修正 （3）能够对测试的程序进行风险评估，形成测试报告 （4）能够在新程序测试后形成用户操作手册
应用培训	（1）能够执行新开发程序的前期培训 （2）能够在程序应用出问题时提供技术响应支持 （3）能够在程序后期维护与升级后及时设计培训内容，并实施培训 （4）能够针对公司的各类系统进行操作流程梳理与培训 （5）能够建立软件与程序培训档案

5.6.3 网络运维类岗位胜任力模型

网络运维类岗位一般包括信息部经理、网络管理员、硬件管理员等。

网络运维类岗位的主要职责包括：公司硬件维护；网络布线规划实施；办公耗材的管理；成本管控；硬件管理；机房维护；项目硬件的评审和验收等。

网络运维类岗位胜任力模型如表 5-28 所示。

表 5-28 网络运维类岗位胜任力模型

能力要素	描述
系统运维	（1）能够进行公司各类软件系统的维护 （2）能够定期检查公司软件的更新情况，及时更新 （3）能够根据业务需要帮助业务部门安装软件 （4）能够定期监控业务部门的软件安装情况
网络布线	（1）能够进行网络线路的布线、维修及安装工作 （2）能够根据公司发展需要，优化网络或通信线路 （3）能够实施公司内线电话的安装及线路变更 （4）能够根据公司需要规划与设计监控系统 （5）能够协助安全部门设计防盗报警系统，并实施布防
网络运维	（1）能够实施公司的网络安全服务，避免被外部攻击 （2）能够维护当前公司的网络稳定，发现问题后能够及时处理 （3）能够实施网络设备和线路的监管及维护 （4）能够进行公司邮箱系统的分配与管理 （5）能够进行公司内网系统地址的分配及管理

续表

能力要素	描述
硬件运维	(1) 能够进行服务器软、硬件的监管及维护 (2) 能够进行机房的日常维护与管理 (3) 能够进行交换机等电子设备的维护与管理 (4) 能够进行公司各类音频、视频系统的维护及响应
数据整合传输	(1) 能够进行各业务系统的数据整合与清洗 (2) 能够设计与实现数据的专题分析 (3) 能够进行数据抓取系统的开发与维护 (4) 能够让各业务系统之间实现数据传输功能

5.7 物流运输类岗位胜任力模型

本节介绍3种物流运输类岗位胜任力模型。物流运输类岗位存在的价值主要是满足公司中货品物流储藏、运输和中转等相关需求。物流运输类岗位指的是公司中肩负着物流管理、货品管理、配送管理等职责的岗位。

5.7.1 物流管理类岗位胜任力模型

物流管理类岗位一般包括物流经理、物流主管、物流专员、物流调度等。

物流管理类岗位的主要职责包括：负责组织管理公司物流工作，实现物流顺畅；规划、设计物流方案；保证货物100%准确、及时送达目的地，按质按量供应物资；合理控制物流成本；不断提升客户服务等。

物流管理类岗位胜任力模型如表5-29所示。

表5-29 物流管理类岗位胜任力模型

能力要素	描述
物流费用预算	(1) 懂基础财务知识，能够根据公司情况和物流工作计划做物流费用预算 (2) 具备成本控制意识，以节省成本为工作重心，能够有效管控物流成本 (3) 能够妥善保管和规划物流相关设施、车辆等物资设备，做好资产管理 (4) 懂得定期进行物流费用分析评估，能够聚焦问题，降低费用 (5) 能够就物流费用较高的问题组织行动小组和制定行动计划，专项解决问题

续表

能力要素	描述
物流规划	(1) 懂物流系统设计，能够设计出稳定、高效、成本较低的物流系统 (2) 能够进行市场调研，了解同业或竞业的物流规划情况，为决策服务 (3) 能够在物流规划指导下做好监督检查工作，保证物流规划顺利实施 (4) 能够运用当前资源最大化物流运输效率，最大化物流人员劳动效率
招投标管理	(1) 懂招投标知识和原理，能够实施项目招投标设计 (2) 实施招标时，能够对招标供应商或潜在合作方实施评估筛选 (3) 实施投标时，能够展现公司优势，让公司脱颖而出 (4) 诚实守信，能够公平实施对潜在供应商与合作方的质量评价 (5) 能够对已经合作的供应商与合作方实施考核，落实优胜劣汰
库存意识	(1) 具备库存意识，能够根据库存情况与发货数量判断当前库存高低 (2) 当发现库存异常时，敢于及时提出，能够协助相关部门调节库存 (3) 能够与生产部门协调，为生产部门做产品制造规划提供决策依据 (4) 能够与销售部门协调，稳定销售部门的发货节奏，与生产匹配 (5) 能够与仓库部门协调，将库存调在正常范围内
关系协调	(1) 能够与公司内部生产、销售、市场、财务等部门保持良好的关系 (2) 能够与外部供应商、合作方、机构、监管等部门保持良好的关系 (3) 能够平衡公司与内外部相关部门的利益关系 (4) 能够平衡物流规划的短期利益和长期利益之间的关系

5.7.2 仓储管理类岗位胜任力模型

仓储管理类岗位一般包括仓储经理、仓库主管、仓库管理员等。

仓储管理类岗位的主要职责包括：负责定期收发原材料；收发成品货物；仓库内部管理和日常维护；商品货物盘点；本部门档案资料整理等。

仓储管理类岗位胜任力模型如表 5-30 所示。

表 5-30 仓储管理类岗位胜任力模型

能力要素	描述
原材料管理	(1) 能够按照规定做好原材料的验收和入库，并做好登记工作 (2) 能够根据生产需求，及时、高效进行原材料的发放和记录 (3) 能够对原材料周转进行全程跟踪，记录到账，做到账实相符 (4) 能够对入库物资严格把好验收关，做好各种验收数据记录 (5) 收发货后相关单据能迅速分发到相关部门，不允许延误或遗失

续表

能力要素	描述
产成品管理	(1) 能够随时掌握产成品的库存状态，保证货物及时供应 (2) 货物出入库时，能够依据单据核准出入物品的名称、批号、数量 (3) 能够准确完成收发货，收发完毕后，能够做到立即入账 (4) 成品货物做到凭单入库、出库，做好库存报告并向上级领导递交 (5) 做好物流协调工作，办理相关单据，清点出厂货物并进行记录
仓库管理	(1) 能够合理安排库内堆位，预留足够出入通道、安全距离和安全高度 (2) 能够做到仓库每堆货物显眼处有货卡，每堆货物都有账 (3) 能够做到货卡和账面货品名称、批号、规格、数量与货品实物一致 (4) 能够保持货物整齐美观，使物资设备分类排列、存放整齐、数量准确 (5) 能够随时了解储备情况，无储备不足或超储积压、呆滞现象发生
账务管理	(1) 能够做好相关单据与账目的整理、分类和保管 (2) 能够整理和保存部门内部档案资料的纸质版和电子版 (3) 能够确保内部档案的真实性、完整性、有效性 (4) 能够遵守数据保密规定，维护公司利益 (5) 能够及时汇报外部重大环境变化、内部重大风险和不稳定因素
盘点管理	(1) 懂得盘点的基本方法，能够做到仓库的账实相符 (2) 收发物料完成后，能够主动进行盘查，核实账物是否一致 (3) 能够配合财务部的工作，独立对指定盘点区域进行盘点 (4) 能够配合财务部门人员进行月度盘点 (5) 能够提前预判仓库可能存在的风险，做好安全防控，避免出现损失

5.7.3 配送实施类岗位胜任力模型

配送实施类岗位一般包括配送经理、配送主管、物流配送员、快递员、外卖送餐员等。

配送实施类岗位的主要职责包括：负责把物品及时、准确地送到客户手中；让客户对整个物品配送过程感到满意；让客户对配送公司的服务感到满意等。

配送实施类岗位胜任力模型如表 5-31 所示。

表 5-31 配送实施类岗位胜任力模型

能力要素	描述
执行力	(1) 具有较强的执行力，不拖延、不偷懒，能够得令则行 (2) 遇到挫折与困难不发牢骚，没有怨言，坚信行胜于言 (3) 具有较强的适应能力，能够克服障碍，执行到位 (4) 做事有热情、有冲劲，能够根据情况采取恰当的行动

续表

能力要素	描述
形象管理	（1）能够注重个人仪容仪表和个人卫生，给人干净利落的形象 （2）能够提升个人素质，养成良好的语言习惯 （3）能够保持配送车辆或设备的清洁卫生，无油污 （4）注重衣着干净整洁，能按公司要求穿着规定的制服工作
客户服务	（1）为人诚实正直，与人为善，能够得到客户信任 （2）明白客户的需求，能够保质保量地满足客户需求 （3）当客户提出过分要求时，能够耐心与客户解释，与客户达成共识 （4）懂得换位思考，能够站在客户的视角思考问题，理解客户感受 （5）能够在资源允许的情况下，第一时间满足客户的需求
情绪管理	（1）能够意识到个人情绪变化，了解自身情绪的优势和问题 （2）具有较强的自我管理能力，懂得情绪控制，能够控制负面情绪 （3）具备一定的同理心，能够感受他人的情绪，并给予恰当的反馈 （4）具有一定的自信心，能够不卑不亢地应对各类场景和处理各类情绪
团队意识	（1）具备较强的责任感和团队意识，能够以集体为重 （2）具备较强的集体荣誉感，能够意识到自己的言行不仅代表自己 （3）为了集体名誉，愿意改变言行，落实集体意识诉求 （4）当集体利益和个人利益发生冲突时，能够以集体利益为重

5.8　财务审计类岗位胜任力模型

本节介绍 5 种财务审计类岗位胜任力模型。财务审计类岗位存在的价值主要是保证财务数据准确，合法合规编制财务报表，满足公司财务需求，帮助公司减少风险。财务审计类岗位指的是公司中肩负着财务、税务、审计等职责的岗位。

5.8.1　会计核算类岗位胜任力模型

会计核算类岗位一般包括总账会计、销售会计、成本会计、往来账会计、材料会计、记账员等。

会计核算类岗位的主要职责包括：负责公司会计核算工作；负责公司资产管理工作，保证资产安全完整；负责公司各项会计账务等。

会计核算类岗位胜任力模型如表 5-32 所示。

表 5-32　会计核算类岗位胜任力模型

能力要素	描述
会计管理	(1) 熟悉财务相关的法律法规，能够按照会计准则记账 (2) 能够发现财务管理中的流程制度问题，实施修订并提出解决方案 (3) 熟练掌握会计学原理和财务基础知识，能够按财务规范开展工作 (4) 熟练掌握财务软件，能够通过财务软件完成相关会计工作 (5) 能够判断会计政策对公司发展的影响，能够做高效的会计决策
报表编制	(1) 熟练使用 Excel 等数据处理软件，具有较强的数据处理能力 (2) 熟练使用财务系统，能够在财务系统中使用报表自动生成功能 (3) 熟练掌握财务相关报表的编制方法，并能形成公司需要的分析报告 (4) 能够根据业务需求编制支持业务需要的报表 (5) 能够识别财务风险，并在报表中描述清楚风险
核算管理	(1) 熟悉财务相关的收入、费用、成本、损益等数据类型的核算工作 (2) 熟悉公司绩效考核相关指标的核算要求，为考核提供准确数据 (3) 能够准确处理各类数据，能够按照公司要求进行数据核算 (4) 能够按照公司要求生成相关报表，并提供给需要的部门 (5) 核算过程中发现异常数据时，能够找出原因，准确处理
业务支持	(1) 掌握每一笔账背后对应的业务活动，做到账实相符 (2) 了解收付款对应的合同内容，做到账与合同条款一一对应 (3) 监督业务部门的财务状况，及时预警业务超支状况，做好业务监控 (4) 能够与业务部门进行有效沟通，为业务部门提供财务上的支持 (5) 熟悉业务变化对财务相关工作的需求，满足业务部门的合理需求
异常监控	(1) 关注财务数据，能够及时查找和发现数据反映出的问题 (2) 发现数据异常时，能够及时找到异常数据背后的原因 (3) 能够独立实施异常数据的检查和分析，并提出改进措施 (4) 能够将异常数据背后的风险清晰地传达给业务部门，帮助其改进 (5) 能够让业务部门理解和重视财务数据，培养业务部门提前发现异常的习惯

5.8.2　财务分析类岗位胜任力模型

财务分析类岗位一般包括财务管理、报表会计、预算管理员、资本预算员、财务分析员等。

财务分析类岗位的主要职责包括：负责财务报表的编制；深入分析财务数据，根据数据分析判断趋势；实施财务管理监控，有效提升公司财务管理质量和业务运营质量等。

财务分析类岗位胜任力模型如表 5-33 所示。

表 5-33　财务分析类岗位胜任力模型

能力要素	描述
预算管理	（1）懂得制定预算的方法，能够为公司实时预算管理提供专业支持 （2）熟悉业务部门的核算方式，为业务部门制定和控制预算提供支持 （3）能够准确计算项目的投入产出情况，为制定和修订预算提供依据 （4）能够监控业务部门的预算执行情况，对超预算项目实施预警 （5）能够定期与业务部门负责人沟通，保证财务预算平稳执行
运营报表	（1）熟悉业务部门运营流程，能够根据业务流程制定运营数据报表 （2）能够与业务部门保持沟通，根据业务变化及时调整运营报表 （3）能够根据业务运行情况，对业务部门提出报表数据分析的建议 （4）能够固化、模板化、流程化运营报表，将运营报表分析简单化 （5）监控业务部门运营情况，发现数据背后问题根源，及时提醒业务部门
数据呈现	（1）能够把报表中大量数据用图形的形式表示，标注出重点问题 （2）提供各类报表的数据，呈现内容简洁，呈现形式能让大多数人一目了然 （3）能够把领导层在数据分析上的意图呈现到表格和图形中 （4）数据呈现的逻辑清晰、观点明确，且具有一定的说服力 （5）能够把握信息的投入产出比，能够分辨出对公司有价值的数据
数据分析	（1）懂得处理数据，能够将数据按某种规则排列出结构或形态 （2）能够通过数据分析发现问题，找到问题根源，落实责任人 （3）能够从大量数据中找到某种规律，从而做出预测分析和趋势判断 （4）不仅能通过分析发现问题，而且能提出解决问题的建议或措施 （5）能够分清楚问题的紧急程度和重要程度，给问题设置先后顺序
市场分析	（1）能够运用各类渠道获取竞争对手或对标公司的财务数据信息 （2）能够分析和比较竞争对手或对标公司与本公司的财务管理差异 （3）能够通过分析，发现公司业绩增长或管理提升的机会点 （4）能够综合市场状况，全方位分析公司在市场中的优劣势 （5）能够根据市场分析，对公司运营和业务部门提出建议

5.8.3　证券事务类岗位胜任力模型

证券事务类岗位一般包括董事会秘书、证券代表、证券助理等，是上市公司中必须设立的岗位。

证券事务类岗位的主要职责包括：组织召开公司股东大会、董事会和董事会各专门委员会会议；负责 IPO（首次公开募股）相关工作；负责股东管理和股权管理；负责投资者关系管理；负责证券投融资管理；负责信息披露管理等。

证券事务类岗位胜任力模型如表 5-34 所示。

表 5-34 证券事务类岗位胜任力模型

能力要素	描述
三会组织 （股东大会、董事会和董事会各专门委员会会议）	（1）能够组织筹备三会各项会务、活动，贯彻落实三会各项决议 （2）能够撰写三会内部各项公文、文件，并定期发布各类信息 （3）能够根据三会精神贯彻落实各项决议与安排，并定期跟踪反馈 （4）能够进行外部各类市场、政策、竞争等相关信息的搜集整理 （5）能够为三会提供有参考价值的信息资料和政策咨询
证券管理	（1）懂得 IPO 的知识和原理，熟悉 IPO 相关流程 （2）能够组织人员进行 IPO 工作的筹备、组织、协调、沟通、实施 （3）能够妥善处理好公司的资本运作和证券业务 （4）能够妥善管理公司内部股东及股权资料 （5）能够对公司的股东及股权情况进行更新维护
信息披露管理	（1）能够建立健全信息披露制度，并组织实施 （2）能够组织编制定期报告，包括年度报告、半年度报告、季度报告 （3）能够起草临时报告，按规定及时准确地披露有关信息 （4）为组织信息披露事务，能够协调各部门的信息互通 （5）能够确保信息披露的及时、准确、合法、真实和完整
证券投融资管理	（1）能够进行证券投资方式的研究及证券投资业务的具体操作与实施 （2）能够进行增资扩股等再融资工作，以及与相关中介机构联络的工作 （3）能够与行业协会、证券交易所等监管部门联络，回复监管意见 （4）能够受理投资者来人、来函、来电咨询的接待工作 （5）能够与机构、证券分析师等业内人士联络，调查、研究投资者关系
股权管理	（1）能够组织股权审查和确认工作 （2）能够做好送股、配股的股份登记工作及股份分红派息工作 （3）能够收集证券动态信息与市场行情，报告股东变化情况 （4）能够做好股东资料、公司公报等相关资料的建档管理 （5）能够确保股东与股权相关资料的及时、完整、准确

5.8.4 税务融资类岗位胜任力模型

税务融资类岗位一般包括税务经理、税务会计、税务筹划专员、融资管理经理、资本预算会计、信用分析经理等。

税务融资类岗位的主要职责包括：进行公司资金、资产管理；通过税务运作，让公司利润增加；通过资本运作，让公司资产持续增值等。

税务融资类岗位胜任力模型如表 5-35 所示。

表 5-35　税务融资类岗位胜任力模型

能力要素	描述
税务管理	(1) 熟悉税务法律法规，能够为公司制定最优的税务组合方案 (2) 懂得税务筹划方法，能够设计税务筹划方案，最大化公司净利润 (3) 能够让主要业务部门懂得税务筹划方案，采取相应的业务模式调整 (4) 懂得各类财务数据对税务筹划的影响，制定盈利预期和税务筹划目标 (5) 根据税务筹划目标，设计税务避险方案，能协调内外部资源落实方案
融资管理	(1) 熟悉各类融资政策法规、渠道和融资方式，能够根据公司需要开展融资工作 (2) 能够根据公司所在行业进行融资相关的市场调查，做到信息准确 (3) 能够正确分析公司财务状况，有计划地设计融资方案 (4) 能够维护与各类融资机构的关系，开拓多元化的融资方式 (5) 能够在规定时间内帮助公司融到需要的资金
投资管理	(1) 熟悉各类投资渠道的利弊，能够根据公司实际情况进行分析 (2) 能够获得投资分析需要的相关数据，并根据数据制定投资决策 (3) 能够设计投资方案，规划资金使用效率 (4) 能够保证公司资金达到市场平均水平以上的年化投资回报率 (5) 能够洞察市场变化，关注投资风险，能够做到及时止损
并购管理	(1) 懂得公司并购方法和注意事项，能制定并购方案 (2) 能够对待并购的公司进行价值和资产评估 (3) 能够判断待并购公司财务数据的真实性 (4) 能够对待并购公司实施尽职调查，能够评估并购的风险 (5) 能够设计并购实施方案，推动并购项目进程
外部协作	(1) 能够了解外部合作机构的特性，收集合作机构的信息 (2) 能够与外部财税机构和相关部门保持良好的关系 (3) 能够关注行业消息和市场状况，清楚外部变化对公司的影响 (4) 有关注资本市场变化的意识，能够判断资本市场情况对公司的影响 (5) 对不同合作机构采取分类管理策略

5.8.5　审计风控类岗位胜任力模型

审计风控类岗位一般包括审计经理、风控经理、审计主管、风控主管、审计专员、风控专员等。

审计风控类岗位的主要职责包括：建立健全公司审计制度；改进、完善公司内控体系；完成审计工作；收集审计证据，编制审计工作底稿，审定审计报告等。

审计风控类岗位胜任力模型如表 5-36 所示。

表 5-36 审计风控类岗位胜任力模型

能力要素	描述
品格正直	（1）做人诚实正直，不说假话，能够公正地做好监督 （2）廉洁自律，不贪图私利，在利益和诱惑面前能够坚持原则 （3）不畏强权，不隐瞒、不欺骗，能够客观真实地反映情况 （4）遵守法律，遵守公德，具备较强的职业道德 （5）能够经得住利益诱惑，能够客观真实地反映情况
财务审计	（1）能够对异常财务结果进行全面审计，分析问题发生的主要原因 （2）能够对各部门日常工作和财务结果进行审计 （3）能够对商品、设备、材料、工程进行询价与市场调研 （4）能够对供应商进行考察及采取不定时的质量抽查 （5）能够协同外部审计事务所对公司财务状况进行监督
法务支持	（1）能够起草、制定、审核公司相关规章制度 （2）能够确保公司合同及其他文件的合法性 （3）能够处理公司的诉讼、仲裁、纠纷等法律事务 （4）能够用法律手段保护公司的知识产权、商业秘密及资产 （5）能够为公司日常经营提供法律咨询、法律培训
异常监控	（1）能够随时监控，及时发现公司财务和运营过程中的异常数据 （2）能够制定监控考核办法，将监控情况与部门考核结果关联 （3）能够在监控后形成分析报告，准确指出问题 （4）能够客观公正实施监控，坚决执行考核结果，不徇私舞弊 （5）能够针对监控情况形成改进建议，防止异常情况再次出现
体系建设	（1）能够建设公司的风险防范体系，建立应急预案 （2）能够从法律角度，参与起草、制定、审核公司的相关规章制度 （3）能够制定合同签订规范与制度，审核合同内容，降低合同风险 （4）能够通过市场信息，完善公司的风险防控体系 （5）能够通过风险防控体系，防控公司的资产和费用风险

5.9 人力资源类岗位胜任力模型

本节介绍 4 种人力资源类岗位胜任力模型。人力资源类岗位存在的价值主要是保证公司实现战略对人力资源的各类需求。人力资源类岗位指的是在公司中肩负着制定和实施人力资源规划，建立、维护招聘渠道，保证人才培养，建立有激励性的薪酬绩效体系,维护和谐稳定的员工关系等职责的岗位。

5.9.1 招聘选拔类岗位胜任力模型

招聘选拔类岗位一般包括招聘总监、招聘经理、招聘主管、招聘专员等。

招聘选拔类岗位的主要职责包括:了解各部门的用人需求;制定详细的招聘计划;开拓和管理各类招聘渠道;收集并筛选简历;组织初试和复试,选拔合适人才;办理入职手续;评估招聘情况;建立人才储备库,储备优秀人才等。

招聘选拔类岗位胜任力模型如表 5-37 所示。

表 5-37 招聘选拔类岗位胜任力模型

能力要素	描述
岗位管理	(1) 掌握组织机构设计方法,熟悉部门职责和岗位职责 (2) 掌握岗位管理方法,能够根据职能划分岗位、序列、角色 (3) 能够对岗位进行分析,能够编制不同岗位的岗位说明书 (4) 掌握岗位胜任力模型原理,能够设计岗位胜任力模型 (5) 能够测算岗位工作量,并根据不同岗位计算岗位定编
人才招聘	(1) 熟练掌握市面上所有常见招聘渠道的实施方法 (2) 能够将各类招聘渠道有机结合,最大化、最合理地配置招聘渠道 (3) 能够用最低的成本,在规定时间内,为公司招聘到足够的人才 (4) 能够在现有招聘渠道上有所创新,能够开发更多元、更有效的招聘渠道 (5) 能够保证招聘到的人才绩效达到公司要求
人才测评	(1) 分别掌握人才测评中至少 2 种心理测评和能力测评方法 (2) 懂得笔试原理,能够编制人才测评需要的笔试类题目 (3) 懂得面试的方法,能够根据岗位胜任力模型独立设计通用面试题目 (4) 能够独立实施面试管理,与用人部门一起设计面试流程 (5) 能够协助用人部门设计岗位业务相关的笔试题目和面试题目
人才吸引	(1) 懂得调研其他公司相似岗位的基本情况,并与本公司岗位情况比较 (2) 懂得为岗位设计有吸引力的录用条件,能够与相关部门协商落实 (3) 懂得在不同招聘渠道上采取恰当的宣传手段,有效宣传岗位优势 (4) 懂得宣讲技巧,能够在公开讲话中向他人宣传公司和岗位优势 (5) 懂得在面试环节吸引人才,能够向候选人介绍清楚岗位的优势
人才保留	(1) 懂得人才保留的基本原理,能够正确实施人才保留 (2) 懂得与员工沟通,能够安抚员工情绪,帮助员工稳定 (3) 能够与用人部门做好沟通,让用人部门管理者学会人才保留方法 (4) 能够提出制度和流程中有助于人才保留的建议 (5) 能够识别核心人才,稳定核心人才的心态

5.9.2 培训开发类岗位胜任力模型

培训开发类岗位一般包括培训总监、人才发展经理、培训经理、培训主管、培训专员等。

培训开发类岗位的主要职责包括：了解员工培训需求；制定培训计划；设计人才成长通道；推进人才的成长与发展；选择适合的培训方式；寻找适合的内外部培训资源；组织开展培训活动；实施培训评价效果的反馈、评估等。

培训开发类岗位胜任力模型如表 5-38 所示。

表 5-38 培训开发类岗位胜任力模型

能力要素	描述
学习能力	（1）能够快速学习和掌握通用领域内的新增知识，并能总结出要点 （2）能够快速学习行业内的成功案例，并能总结成功案例的经验 （3）能够快速高效地学习各类方法和工具，并能将其运用到工作实践中 （4）能够抓住不同领域知识的重点，在最短时间内学习掌握该知识 （5）具备主动学习的意愿，能够主动学习对公司有利的知识
总结能力	（1）能够萃取出最佳实践中的优秀经验，并将其转化成方法和工具 （2）能够分清事物的重点和要点，分门别类地记录和展示信息 （3）能够将方法和工具总结成标准化的课程，并符合课程基本要求 （4）能够熟练使用办公软件，能够用办公软件清晰地展示课程内容 （5）懂得教育基础知识，能够按照人的学习特征制作课件
创新能力	（1）能够不断挑战自我，不断找到并学习更优的方法 （2）能够在现有方法基础上发现新的方法和流程，提高工作效率 （3）能够发现当前流程制度的问题，并提出创新的解决方案 （4）能够在他人优秀经验的基础上做出创新，获得更好的效果 （5）能够运用创新的方法传授知识和技能，让受众更容易接受
授课能力	（1）具备较强的语言表达能力，能够把事物解释清楚 （2）能够了解授课对象的背景，并用对方听得懂的话实施授课 （3）能够在公开场合授课，不怯场，并获得大多数听众的认可 （4）能够完整清晰地表达思想和信息，不出现遗漏 （5）不仅能有效传达信息，还能带领听众一起练习
组织能力	（1）能够找到公司中能力欠缺的员工，并根据其特点制定学习计划 （2）能够与用人部门一起关注员工的学习成长情况，促进员工成长 （3）能够引领用人部门管理者做好员工教育，部门内部定期组织员工培训 （4）能够根据公司的人才发展策略和部门要求组织培训学习活动 （5）能够保证参训学员按照公司要求参与到培训学习活动中

5.9.3 薪酬绩效类岗位胜任力模型

薪酬绩效类岗位一般包括绩效总监、薪酬总监、绩效经理、薪酬经理、绩效主管、薪酬主管、绩效专员、薪酬专员等。

薪酬绩效类岗位的主要职责包括：制定并推行绩效管理方案；对绩效管理方案的实施进行反馈与评估；协助各子公司建立绩效管理体系；编制和完善绩效管理制度；设计有激励性的薪酬福利方案；编制和完善薪酬管理制度；编制和完善保险和公积金缴纳管理制度等。

薪酬绩效类岗位胜任力模型如表 5-39 所示。

表 5-39 薪酬绩效类岗位胜任力模型

能力要素	描述
人才激励	(1) 熟悉人才激励理论，能够按照人才激励理论实施管理 (2) 能够正确使用正激励和负激励，通过激励引导员工行为 (3) 能够把人才激励理论与人力资源制度相结合 (4) 能够让薪酬政策保持外部公平性和内部竞争性 (5) 能够设计出具有激励性的绩效政策，激发员工的行动力
业务关联	(1) 熟悉公司的业务模式，能够把薪酬绩效制度与公司业务模式相结合 (2) 能够制定符合业务需求的薪酬政策，保证薪酬政策符合公司战略 (3) 能够制定促进业务目标达成的绩效政策，帮助员工实现绩效目标 (4) 能够和业务部门充分沟通，帮助业务部门管理者设计薪酬绩效方案 (5) 能够在公司业务变化时，及时调整薪酬绩效政策，让其符合业务需求
方案设计	(1) 能够根据公司战略和业务需要设计薪酬和绩效方案 (2) 能够按照公司的业务导向设计绩效方案 (3) 能够通过绩效方案，帮助公司建立高绩效文化 (4) 能够用清晰明确的文字书写薪酬和绩效方案，让普通员工能看懂 (5) 能够用通俗易懂的语言传达薪酬和绩效方案，让普通员工能听懂
方案推行	(1) 能够在方案执行过程中对相关人员实施培训和指导 (2) 能够在方案执行过程中实施访谈，深入了解各方意见 (3) 能够监督方案的执行过程，发现问题及时评估，做出相应调整 (4) 能够分析方案执行过程中各方提出的意见，并对方案做出完善 (5) 能够根据方案的执行效果，对方案做出调整，不断优化方案

5.9.4 员工关系类岗位胜任力模型

员工关系类岗位一般包括员工关系总监、员工关系经理、员工关系专员等。

员工关系类岗位的主要职责包括：维护公司和员工间的良好关系；与公司领导或员工保持持续沟通，了解员工的思想动态；解决员工冲突；处理员工投诉；防控劳动法律风险；应对并妥善处理好劳动争议等。

员工关系类岗位胜任力模型如表5-40所示。

表5-40 员工关系类岗位胜任力模型

能力要素	描述
共情能力	（1）能够为他人着想，能够设身处地地倾听对方 （2）能够站在对方的角度，按照对方的逻辑思考问题 （3）能够对员工传达真情实感，让对方感觉到自己被理解和接受 （4）能够分析对方传递信息中包含的情绪，了解对方的真实意图 （5）能够与高层管理者对话，理解高层意图，帮助高层解决员工情绪问题
内部协调	（1）能够协调各业务部门和人力资源部的关系 （2）能够化解公司员工间的矛盾，促成和谐的员工关系 （3）能够协调公司内部的人、财、物等资源，能够充分调动各方资源 （4）能够组织跨部门交流沟通，推动部门间的项目开展 （5）能够协调部门之间、岗位之间的业务流程，优化工作效率
沟通能力	（1）能够用他人听得懂的语言交流沟通 （2）能够向业务部门解释人力资源管理的基本原理和做法 （3）能够清晰完整地表达思想和观点，并善于运用事实和数据 （4）能够促进业务部门对人力资源部提出合理需求，并达成共识 （5）能够向他人解释人力资源管理方案中的疑问
防控风险	（1）熟悉国家与地方劳动法律法规的相关规定 （2）能够根据劳动法律法规进行公司规章制度编制和工作流程设计 （3）能够发现公司可能存在的劳动法律法规风险，及时防控风险 （4）能够妥善解决已经发生的劳动纠纷，稳定员工情绪 （5）能够让业务部门理解劳动法律法规知识，做好劳动法律风险防控
劳动保障	（1）熟悉国家或地方劳动保障法律法规的相关规定 （2）能够根据劳动保障规定设计公司岗位和工作流程，降低工伤风险 （3）能够用最低成本为员工选择质量达标的劳动防护用品 （4）能够第一时间为员工申报工伤，懂得劳动能力鉴定流程 （5）能够进行安全意识教育，有效降低发生工伤的概率

5.10 行政管理类岗位胜任力模型

本节介绍5种行政管理类岗位的胜任力模型。行政管理类岗位存在的价值主要是妥善处理和安顿好公司的行政事务，为公司主业发展提供行政支持。行政管理类岗位指的是在公司中肩负着行政事务管理、部门关系管理、行政费用管理、行政工作计划、会议接待管理等职责的岗位。

5.10.1 行政文秘类岗位胜任力模型

行政文秘类岗位一般包括行政总监、行政经理、行政主管、行政文员、行政助理等。

行政文秘类岗位的主要职责包括：负责规划、指导、协调公司行政服务支持等各项工作；组织公司各类会议；负责公司办公设备、用品、低值易耗品的申领、选购与使用管理；为员工提供衣食住行等各类保障等。

行政文秘类岗位胜任力模型如表5-41所示。

表5-41 行政文秘类岗位胜任力模型

能力要素	描述
制度建设	（1）对制度有深刻的理解，能够通过制度建设提高公司的运转效率 （2）能够主动探究各类制度的原理和方法，判断不同制度可能产生的影响 （3）能够根据公司内外部因素对制度的要求，起草和设计制度 （4）能够关注制度运行过程中展现出的问题，及时做出修正 （5）能够根据公司需要及时更新、完善、重建制度，保持正常运营
沟通能力	（1）乐于沟通，善于沟通，愿意与员工保持良好的关系 （2）遇到沟通障碍时不退缩、不回避，能够以积极的心态应对障碍 （3）懂得倾听，懂得换位思考，能够站在对方立场思考问题 （4）能够体察对方感受，与对方相互理解，获得对方支持 （5）能够为员工搭建沟通交流的平台，保持沟通渠道通畅
协调能力	（1）具备较强的协调能力，能够在上下级之间做好各项事务的协调 （2）懂得统筹方法，能多项目、多任务、多目标并行监督或执行 （3）懂得时间管理，能够帮助上级管理者安排时间 （4）工作中能起到衔接作用，能从制度和流程层面提高公司的运营效率 （5）能够站在公司管理的高度协调各部门工作，化解各部门矛盾
行政管理	（1）能够制定和完善办公室的各项管理制度，并督促各部门有效执行制度 （2）能够做好会议管理，并妥善处理好会议的记录、整理、下发等工作 （3）具有成本意识，能够做好行政费用预算，严格控制公司的行政费用 （4）能够把握管理与服务的尺度，明确工作重心，以公司大局为重 （5）能够组织并处理好公司的重要活动，能做好会务准备及礼仪接待工作
业务支持	（1）懂得业务运营原理，能够为业务部门提供行政工作方面的支持 （2）能够认清自身的岗位与角色定位，为业务部门提供最大的支持 （3）关注技术最新进展，关注业务发展动态，帮助业务部门取得进步 （4）能够协助业务部门进行人才培养，成为业务部门的坚实后盾 （5）能够与业务部门一起研究业务发展机会点，促进业务持续发展

5.10.2 前台服务类岗位胜任力模型

前台服务类岗位一般包括前台经理、前台主管、前台等。

前台服务类岗位的主要职责包括：负责来访客户的引导和接待；电话的转接；报纸、文书、信息等的传达；员工外出的登记；协助安排会务；前台服务等。

前台服务类岗位胜任力模型如表 5-42 所示。

表 5-42 前台服务类岗位胜任力模型

能力要素	描述
诚实守信	(1) 遵纪守法，有公德心，遵守基本的社会规范和职业道德 (2) 遵守公司的流程和规章制度，能够在规则范围内做好本职工作 (3) 具备明确的是非观，待人公平，做人做事有底线，不越级越权 (4) 为人正直，具有良好的心态，具备积极的世界观、人生观和价值观 (5) 尊重他人，为人平和，虚心好学，能够认真负责地对待本职工作
服务意识	(1) 具备较强的业务支持观念和服务意识，并能引导同岗位增强服务意识 (2) 能够根据业务部门需求提供专业的、有针对性的支持 (3) 能够通过对业务部门的支持与服务提高业务部门的满意度 (4) 主动关注业务部门的需求，更快速高效地满足业务部门需求 (5) 当业务部门需求与本职工作有冲突时，能以大局为重
热爱工作	(1) 热爱本职工作，把工作当成个人展示的舞台 (2) 对待工作有主人翁意识，能够严于律己，能做好本职工作 (3) 完成工作后，能够获得比较明显的价值感和满足感 (4) 心系工作，甘愿为完成工作目标付出时间和精力 (5) 必要时愿意不计个人得失，完成岗位赋予的职责
情绪控制	(1) 能够有效控制个人情绪，不会因为个人情绪影响岗位工作结果 (2) 能够接受工作中他人对自己的误解，在恰当的时机做出澄清 (3) 能够妥善处理他人的负面情绪，不以负面情绪对抗负面情绪 (4) 尊重规则，不因为个人的情绪或想法给团队造成负面影响 (5) 能够保持言行一致，遵守承诺，不因情绪变化而随意改变行为
会务管理	(1) 能够根据会议要求与相关部门确认会议人数，合理安排会议室 (2) 能够根据开会的目的和要求布置会议室，准备会议相关物资 (3) 能够根据需要，准备相机、摄像机，为会议留存音像资料 (4) 能够在会后清理会场，评估设备使用情况，将桌椅和相关设备归位 (5) 需要时，能够根据会议精神做好会议记录，并将会议纪要发相关部门

5.10.3 档案管理类岗位胜任力模型

档案管理类岗位一般包括档案管理经理、档案管理主管、档案管理员等。

档案管理类岗位的主要职责包括：负责档案室的日常管理；负责档案资料的管理；保密管理等。

档案管理类岗位胜任力模型如表 5-43 所示。

表 5-43　档案管理类岗位胜任力模型

能力要素	描述
档案室管理	（1）能够建立健全档案管理制度，并监督实施 （2）能够时刻保持档案室的清洁、干燥和卫生 （3）能够做好档案室的防盗、防火、防虫、防潮、防尘、防高温等措施 （4）具备忧患意识，能够定期检查档案室的消防安全措施 （5）能够做到人走加锁、关窗，妥善保管档案室钥匙
档案资料管理	（1）能够做好对归档资料的收集、整理和统计工作 （2）能够对档案和资料的保管情况定期进行检查核对，做到账物相符 （3）能够严格实施档案入库制度，认真做好分类登记及档案的收进、移出 （4）能够将档案分类做到科学合理，能够最快速度检索到档案 （5）能够定期对档案进行例行的保养、管理或销毁
保密管理	（1）能够慎重应对有保密要求的文件借阅，严格执行借阅流程 （2）能够严格执行未经批准，任何人不准将档案带出档案室的规定 （3）能够对档案查阅者实施监督和检查，防止档案被私自摘抄、外传 （4）能够对违反保密相关规章制度的行为及时发现和制止 （5）当发生重大失密问题时，能够及时上报，及时止损，并找到问题根源
踏实认真	（1）踏实稳重，不好高骛远，能够在平凡的岗位上找到工作的意义 （2）心系岗位，认真工作，一丝不苟地对待档案，不犯低级错误 （3）能够严格执行上级领导交代的档案和保密相关工作 （4）能够正确看待岗位价值，不因负责工作比较偏事务性而产生消极情绪 （5）以公司大局为重，能够配合其他同事临时需要协助的工作

5.10.4 后勤保障类岗位胜任力模型

后勤保障类岗位一般包括宿舍管理员、卫生清洁员、食堂管理员等。

后勤保障类岗位的主要职责包括：负责管理后勤服务工作；为员工提供后勤服务支持；满足员工的后勤需求；为公司提供后勤保障等。

后勤保障类岗位胜任力模型如表 5-44 所示。

表 5-44　后勤保障类岗位胜任力模型

能力要素	描述
责任意识	（1）具备较好的职业道德，对待工作不偷奸耍滑，不推卸责任 （2）对负责的工作具备高度的责任感，能够有始有终地完成工作 （3）对待职责内的简单工作仍然具有使命感，不轻视、不松懈 （4）遇到困难不退缩、不放弃，能够迎难而上，克服困难，完成工作 （5）把集体利益放在第一位，把个人得失放在第二位
自律意识	（1）具备较强的自我约束力，能有效控制自己的言行举止 （2）做人做事能够持续遵循比较积极正面的原则，能够严于律己 （3）对自己有较高的要求，不糊弄了事，不以自我为中心 （4）对工作有专业的态度，认真对待工作，追求精益求精 （5）具有较好的品格，具备完善的人格，能够成为新员工学习的榜样
敬业精神	（1）对工作职责有清晰的认知，深刻理解自身职责的意义和价值 （2）对待工作一丝不苟、兢兢业业、甘愿奉献 （3）全身心投入自身工作中，能够从平凡的工作中获得满足感 （4）对工作认真思考，能够根据工作情况给出建议 （5）工作尽心尽力、用心投入、有始有终
组织认同	（1）认可公司文化和价值观，对公司具有较强的认同感 （2）能够较好地融入团队，与同事配合默契，彼此信任 （3）具备较强的荣誉感，乐于从事公司安排的各类工作 （4）对待工作有较强的感情投入，具备较强的团队归属感 （5）能够自发地围绕在团队周围，自发为组织解决难题

5.10.5　车辆驾驶类岗位胜任力模型

车辆驾驶类岗位一般包括车队长、司机、特种作业设备操控等。

车辆驾驶类岗位的主要职责包括：满足公司各部门的用车需求；车辆的维修与保养；完成车辆相关的各类台账记录等。

车辆驾驶类岗位胜任力模型如表 5-45 所示。

表 5-45　车辆驾驶类岗位胜任力模型

能力要素	描述
需求满足	（1）能够服从公司的用车安排，服从上级领导的工作安排 （2）能够满足公司各部门领导出差及客户来访时的按时接送 （3）能够满足公司各部门其他人员的正常用车需求 （4）能够服从用车人员的安排，积极配合用车人员完成工作任务 （5）当出现航班延误或取消时，能及时联系领导，听从领导安排

续表

能力要素	描述
维修保养	（1）能够每天清扫负责的车辆，保持车辆的整洁 （2）能够定期检查车辆，保证车辆的各项性能良好 （3）能够爱惜负责的车辆，定期对车辆进行保养 （4）能够定期对车辆有关证件的有效性进行检查，确保证件齐全有效 （5）能够妥善保管车辆，按公司要求在指定地点停放，确保车辆安全
台账记录	（1）能够按照公司要求，每次出车时记录出车时间、行程及里程数 （2）能够记录车辆维修、保养、出差等各类台账 （3）能够认真做好工作日志，如实记录工作情况，不得弄虚作假 （4）能够对发现的问题在日志中列明，并及时上报，不虚报、瞒报、漏报 （5）能够按照公司的要求为车辆加油，并做好加油的相关记录
自我约束	（1）具备较强的自我约束力，能够遵守公司的各项规章制度 （2）能够严格做到不酒后驾驶，能够严格遵守各类交通法规 （3）主动学习基本礼仪，对待乘客能够做到有礼有节 （4）具备较强的保密意识，对听到的话能够管住嘴，不传播 （5）严禁公车私用，无论何时接到出车任务，必须按公司规定完成